生命教育与学校课程融合研究

姜　杉◎主编

中国出版集团　现代出版社

图书在版编目（CIP）数据

生命教育与学校课程融合研究／姜杉主编 . -- 北京：
现代出版社，2024.1

ISBN 978-7-5231-0727-0

Ⅰ.①生… Ⅱ.①姜… Ⅲ.①生命哲学-教学研究-
中学 Ⅳ.①G634.202

中国国家版本馆 CIP 数据核字（2024）第 003893 号

著　者	姜　杉
责任编辑	杨学庆

出 版 人	乔先彪
出版发行	现代出版社
地　　址	北京市朝阳区安外安华里 504 号
邮政编码	10011
电　　话	（010）64267325
传　　真	（010）64245264
网　　址	www.1980xd.com
电子邮箱	xiandai@vip.sina.com
印　　刷	三河市宏达印刷有限公司
开　　本	889mm×1194mm　1/16
印　　张	13.5
字　　数	330 千字
版　　次	2024 年 1 月第 1 版　2024 年 1 月第 1 次印刷
书　　号	ISBN 978-7-5231-0727-0
定　　价	78.00 元

前　言

　　学校是育人的场所。以教育智慧助力孩子们发展完满的人性、实现生命的价值是教育工作者的最高追求。然而，现实中学校教育的实践并不是完全服务于这一追求。升学竞争、应试主义盛行，在沉重的学业负担之下不少学生会身心疲惫；重智育轻德育、重分数轻能力的现象也普遍存在，学校教育在一定程度上背离了育人的初衷。因此，如何落实生命教育这一重大主题，引导学生追问生命的价值和意义就成为重要的研究课题。2022 年 3月，北京市八一学校附属玉泉中学申报了北京市海淀区教育科学规划"'双减'背景下初中生生命教育课程建设研究"课题，对初中生生命教育的理念和课程建设进行了系统研究。

目　录

上篇　生命教育的理念认识

中篇　生命教育的文化追求

下篇　生命教育的校本化课程实践

上篇 生命教育的理念认识

第一章　家校共育呵护学生成长

家庭是生命的最初港湾，家庭在生命教育中发挥着不可替代的作用。孩子是一个个鲜活的个体，家长需要尊重每一个孩子，对孩子既要关爱，又要满足孩子独立与个性发展的需求。青春期又是人成长的关键期，在这个关键期，需要整合家庭和学校的力量，助力初中生平稳度过青春期，为今后的学习、工作和生活打下良好的基础。家长作为孩子的首任老师，掌好孩子成长的舵，科学地开展生命教育极为重要；家长作为生命教育的重要实施者，应承担起生命教育的义务，对孩子的生命负责。与此同时，学校也要积极与家长沟通，共同呵护学生的成长。

第一节　家校共育的重要性及其策略

家庭和学校是孩子成长过程中最重要的"摇篮"，家庭教育，应该是教育的基础细胞，同时我们充分地认识到：一个学校的成长，必定离不开家校的携手合作。学校从创建走向发展，学生从懵懂走向成熟，不仅要有一批高素质的教师队伍，还有赖于一支既有工作热情，又有一定家教理论功底和实践经验的家长队伍。家校共育，让家长成为学校教育的同盟军，而不再是看客，让家长和教师实现优势互补，形成教育合力，是学校教育发展的必然趋势。

一、研究家校共育的重要性

家校合作教育，泛指家长在孩子受教育的过程中，与老师合作，从而共同促进孩子健康均衡地发展。表现为家长参与学校教育，与学校相互沟通，有效交流。家庭和学校，对儿童教育负有共同责任，是合作关系中的平等成员。

在家校合作方面的研究是非常有必要并且十分科学的，因为这种理念符合国际潮流趋势，适应国家和社会实际需要，也与课程改革的最新理念相符合。遵循教育规律和人才成长规律，深化教育教学改革，创新教育教学方法，探索多种培养方式，形成各类人才辈出、拔尖创新人才不断涌现的局面，这是时代的需要。

对家校合作问题的研究，国外学术界的研究相对更活跃一些，国外相关专家在这方面发表的文章较多并且有一定的成果，苏霍姆林斯基是苏联教育学家，他把学校和家庭比作成两个"教育者"，他认为这两个教育者要行动一致，要志同道合。

家庭和学校是儿童社会化的两支最重要力量，学校只有联合社会各方面的力量，尤其是与学生家庭合作，二者形成综合力和协同力，才能更好地促进少年儿童的全面发展。若只有学校而没有家庭，或只有家庭而没有学校，都不能单独地承担起塑造人的细致、复杂的责任。

随着时代的发展和社会的进步，这个世界开始遵守优胜劣汰的有效规则，人们更加重视综合能力的提升。家庭和学校是促进儿童社会化的中坚力量，学校联合学生家庭，形成综合协同力，促进少年儿童的全面发展，使儿童的社会化历程变得更加顺利。如果只存在学校一方，没有家庭，或只有家庭，没有学校，塑造人的任务是无法完成的。

二、家校共育的有效策略

（一）明确主体，及时指导，形成合力

现行体制要求学校对全体学生以统一的教学大纲为指导，施以统一规范和标准的管理及教育，对所有学生的要求和培养目标都是大体一致的，虽然教师的教学风格有差异，但是总体的教学目标、教学内容、行为要求等都是统一的。家庭教育就不一样了，由于家长自身的经历、成长环境、目前的身份地位、社会环境等的不同，家长对子女教育的观念、目标、方式、所采取的措施也是千差万别，以致培养出的孩子也差异较大。所以学校教育必须根据家庭教育的特殊性，在家长的配合下，具体分析每个孩子的实际情况，因材施教，进行正确有效的引导，让每个孩子克服家庭教育中缺失的部分，引导孩子向更好、更全面的方向发展。

（二）加强沟通，增强配合，相互信任

不同的家长对孩子的期望是大不相同的，有些家长的要求和期望与学生的实际不相符合，这就会导致孩子心理很抵触，限制了孩子的发展。这是与学校的教育思想不相符合的。家庭教育和学校教育不配合，会导致学生无所适从，陷入迷茫，从而耽误了最好的青春。这就要求学校必须与家长多沟通，让家长信任学校、信任老师，同时家长也要及时了解学校的办学理念和办学方向，了解班主任和学校对于孩子的目标和期望，并且积极配合，正确引导孩子。家校之间建立合作关系，必须做到相互沟通，相互信任。只有家长经常与学校进行沟通，思想统一，遇到麻烦时才能协调解决。同时，教师在与家长交流中，

才能不断发现问题，并且帮助家长和孩子解决问题。家长也应积极主动地向老师反映孩子在家的表现，如学习、生活等情况，遇到不懂的，可以向老师请教一些教育方法、教育观念等，这样才能统一思想，共商教育方法，协调配合，达到共同教育好孩子的目的。

（三）提供平台，建立制度，加强指导

学校作为家庭和教师之间沟通的桥梁，要为家长和教师的沟通提供平台、提供空间、建立制度，通过成立家长委员会，开展家长会、举办"家长开放日"活动、下发告家长书、举办家庭教育培训班、设立校长信箱、开通家校联系热线、开展亲子活动等，并针对孩子的特点和实际问题，给家长提供一些科学的、有效的家庭教育方法。要把握好度，不要"包办代替"，也不要"放任不管"。要加强家庭教育指导，让家长掌握科学的方法和了解孩子的特点，根据实际情况进行引导。

在新时代的教育形势下，孩子的教育需要大家共同努力。请大家行动起来，利用好自己身边的资源，加强家校共育，促进学校、教师、家长、孩子共同成长。

第二节　家校共育模式的探索与实践

对于学生的教育，越来越多的目光转移到家庭教育，更多的教育者意识到家校共育、家校合作的重要性。很多的研究表明，学生在校的学习行为、习惯等都与家庭教育有着密切的联系，特别是新冠疫情阶段，学生以居家学习为主，这就对家校共育这一模式提出了更高、更广的要求。在此情境下，要利用线上、线下的工具，加强学校和家长之间的沟通，探索如何提高家校共育的效率，为学生提供更好的成长环境。

家校合作是以促进学生发展为目的，家庭和学校两种力量相互配合、相互支持、相互协调的教育互动活动。学校和家庭的作用是相互补充的，不能由一方完全代替另一方。要更好地进行家校的共育活动，必须建立良好的家校沟通基础，达到学校和家庭的培养目标一致，将各种资源进行有效的整合，发挥最大的作用。

一、深入家庭，了解学生背后的故事，家校合力促孩子成长

孩子在学校、课堂中的各种表现可以反映出孩子的心理和生理的需求，要透过这些表面现象，寻找隐藏在背后的教育问题，抓住教育的契机，引导学生形成正确的价值观与人生观，使学生健康成长。孩子的很多问题不一定是出现在学校的教育方面，想要深入地了解学生问题背后的原因，还需要深入他的家庭环境中去，从家庭的角度分析孩子的问题，

最终形成家校合力，引导学生成长。

一个孩子的行为一定与孩子的心理有着极大的关系，不管这种关系是正面的还是负面的。

解决过程：

可以通过家访深入了解家庭背后的情况，与家长进行全面的沟通，了解孩子，引导他规划人生道路，制定短期的和长期的目标，每隔一段时间进行督促。身兼家长与老师的双重身份，时不时地找他聊聊天，聊一下学习和生活近况等，给他足够多的关注。在课堂上，也时不时地提问与表扬，满足他的自尊心与希望受到的关注。遇到问题，给他足够多的提示与关注，引导他努力做到最好。

对于缺乏关注的孩子，因为各种变故或者经受过打击的孩子，不应该继续给予更多的批评与指责，反而应该深入了解孩子的经历，针对孩子的经历，适当地满足他内心缺乏的东西，让他在不断的鼓励中，不断地感受成功的喜悦与足够的关注，这样孩子会变得越来越好，有时候甚至会超出你的期望。

二、发挥家长委员会的带动和辐射作用

家委会在家校共育方面有举足轻重的作用，要让积极向上的家长作为家委会的成员，针对家长们反映的问题进行积极讨论，为其他的家长提供可借鉴的方法。

案例描述：

新冠疫情期间，学生以居家学习为主。长时间居家，家长普遍反映"神兽"们无法管束，说轻了不理，说重了逆反，家长们各种"威逼利诱"，为学生的学习操碎了心。

案例分析：

新冠疫情期间，学生居家学习是一个难以改变的事实，跟假期不一样，学生居家需要上网课，是需要学习的。学生的各种不良习惯，懒散的性格，让家长们各种恼火，而处于青春期的中学生，又在一个不服管束的年纪。所以及时地疏导家长和学生的心理问题，进行更有效的沟通与管理非常有必要。

通过和家委会的成员协商，开展了一次线上学习和讨论：孩子不听话，家长除了"利诱"还能做什么？家委会成员通过学习以后，结合自身的做法与经验，通过录制小视频的方式，分享给班级的其他家长，让其他的家长既能学到管理孩子的方法，又能疏导自身的矛盾心理，增进亲子感情。

家长之间的相互借鉴，相互交流，有时候其他的家长更容易接受。相对老师的苦口婆心，很多家长都理解为说教，有一些自然的抵触。但是家长之间是统一战线的，同为学生家长，各种事情感同身受，所以让部分能发挥积极作用的家长参与班级的管理，其他的家

长更容易理解与接受。特别是在这样的特殊时期，家长们管理孩子的时候往往简单粗暴，缺少方法，在这个时候给予一定的指导与帮助，家长们会感到非常的有用。有这样的活动来帮助他们管理孩子，对他们来说就是一场及时雨。班级作为学校的基本单位，班主任作为班级的核心人物，组织这样的活动，家长首先感谢的就是班主任。家长们有感恩之心，觉得老师对家长们好，对孩子们好，后续班级活动有什么需要家长配合的事情的时候，还能有家长不乐意配合吗？所以利用好家长，发动家委会成员参与班级建设，意义还是挺大的。

三、拓展途径、延伸家校教育时空，开辟家校共育新渠道

由于信息技术在交流方面的优势，利用信息技术开展家校合作是非常有必要的。信息技术的应用打破了时空的限制，可以更好地开展家校合作，实现家校共育。传统的家长会或者家访，都受时空的限制，无法实时地交流与反馈，而目前互联网的便捷，微信等网络工具的应用极大地方便了交流。

受新冠肺炎的影响，学生居家无法到达学校。学生的学习方法需要指导，学生和家长的心理需要调试，学生的视野需要开阔，等等。为了进一步满足学生发展的需求，进一步适应国家发展目标的需要，我们进行了更多的尝试。

（一）改变传统教育观念，打造家校共育平台

在新冠疫情期间，学校打造了家校社共育线上学习平台，为学生和家长定期推送各种线上讲座，针对学生的心理、学习方法，针对家庭的避免冲突、帮助孩子养成好习惯等方面，提供各种学习资源，对学生和家长特别有帮助。

（二）充分利用家长资源，促进家校共育资源的综合利用

每位家长都有自己的专长。结合综合育人的目标，发挥家长的专长，让家长参与学校的建设。例如，某位学生家长非常擅长思维导图的制作与利用，我们就请这位家长用几次课为学生们讲解思维导图的好处、画法以及注意事项等，让学生学习更高效的学习方法。通过不断地交流、改进，学生们可以快速掌握。

在实践当中，家长们非常乐意参与到家校共育的过程中，热情很高。在后续的家校共育实践中，要继续发掘家长的资源，多角度、多维度地拓展学生的思维与知识面，实现学生的全面发展。

总之，家庭教育是学校教育的基础和重要的辅助力量。目前的教育模式大都是工业化时代的产物，目的是培养合格的建设者，但是随着社会的进步，工业建设的转型，信息时

代的到来，家庭对学生的影响越来越大。对于学生的教育，也应该从观念、方法上进行重新认识，对学生的知识教育应该转变为培养适应未来的各种各样的不确定性的能力，所以学生的适应性、学习力就特别重要。不是学多少知识，而是让学生知道为什么要学，怎么可以学的更好，而这些层面的教育只在学校是无法完成的，更应该是学校、家庭、社会共同合作，发挥各自的专长。这样才可以让学生更好地适应未来的社会，创造更多的社会价值，推动社会的进步，实现中华民族的伟大复兴。

第三节　家校合作托起孩子幸福成长

鲁迅先生说过："谁塑造了孩子，谁就塑造了未来，不仅是自己的未来，还有孩子的未来，民族的未来。"在学业负担日益加重，家庭、学校、社会期望值空前高涨的时代，出现了很多新的教育难题。家庭和学校是学生成长的两个重要环境，对学生的教育和成长发挥着十分重要的教育作用。如何构建家校沟通与合作的协作教育模式，充分利用家长资源来管理和教育学生，是我思考并为之不断尝试的问题。在此，结合班主任工作实践，谈一谈个人对该问题的一些看法和做法。

一、家校合作的必要性

目前，家庭教育中存在养教失调的问题。一部分家长在教育理念上存有一定偏差，他们认为，满足孩子的物质生活责无旁贷，只要满足了孩子的一切物质需求，就算尽到了自己的责任；只要给孩子交了学费，把孩子送进了学校，就是履行了自己的全部教育义务。在这种错误观念的支配下，他们要么只注意对孩子物质生活的照顾，而忽视孩子的品德教育，"老师，我们把孩子交给你了！"一句话将教育的责任和义务全部推给了老师；要么是对孩子的事情不上心，缺乏和孩子交流思想，对孩子的学习及生活中出现的心理情绪问题不能及时疏导。当孩子学习成绩一落千丈，或违反校规校纪时，不分青红皂白地加以严厉训斥，而平时只要看孩子表面没事，就放任自流，撒手不管。可事实上，要想让孩子身心健康地成长，虽然离不开老师辛勤细致诲人不倦的工作，但更离不开家长的密切配合。著名教育家苏霍姆林斯基说："最完备的社会教育是学校—家庭教育。"在影响孩子成长的各种因素中，家庭教育和学校教育是最重要的，整合家庭教育和学校教育，形成教育合力，对孩子的健康发展非常有必要。

二、在家校合作方面的尝试

（一）充分重视家长会的作用

家长会是学校、家庭教育者双方相互交流思想、共同寻找教育方法的重要途径，学校组织的每一次家长会都要充分重视。以本学期期中考试后初二年级的家长会为例，我和年级做了如下工作。

第一，向家长做班级工作汇报。家长会上，结合教学实践及学生在校表现，详细分析了学生的学习情况，针对学校及班级的常规管理，从学校的规章制度、学生在校表现、学习习惯的培养、安全教育及家长与学校如何有效沟通等向家长做了详细的要求和说明。尤其强调家长要经常与学校保持联系，相互了解，沟通情况，做到与学校教育相对同步，督促孩子保质保量地按时完成学校布置的各项任务。

第二，在家长中树立典型。家长会上，在与各班的家长事先沟通的基础上，我们请了年级里两位同学的家长做了经验介绍。A 同学品学兼优，是班里尖子生的典型代表；B 同学的父母善于和孩子交流，促使他在德智体美各个方面都有了长足进步。两位家长的发言，就教育子女的经验心得做了介绍，在家长中树立了典范。他们用亲身经历，现身说法，介绍自己是怎样教育子女如何学做人、如何对待分数、如何配合学校培养学生成才的经验。生动而切实的经验介绍，比任何说教都有说服力，其他家长们听了，也受益匪浅。

（二）充分利用现代化平台

利用现代化平台，激发家长学习热情，帮助家长了解如何进行亲子沟通。我的孩子今年 5 岁了，到了进行学前教育的年龄，于是我在寒假里给孩子挑选了一些早教课程。在我挑选合适课程时，我惊讶地发现，原来在网络上、App 平台上涌现出了这么多形式各异的早教课程班。在我原来的意识中，孩子的早教课程都是要家长带着孩子去各个培训班完成的实地上课，没想到现在完全可以做到足不出户，在家里就可以陪伴孩子完成早教课程。在帮助孩子选好网络课程班后，我尝试地搜索了一下关于亲子教育的课程，同样也发现了不少相关的在线培训课程。

这样的发现让我有了一个新的启发！如果那些在处理亲子关系或教育子女方面有困难的家长能够多参与这样的线上培训，学习并了解一些儿童心理学或教育子女的正确方法，肯定会改善他们的亲子关系。于是，我现在会多留意一些这样的培训平台，把它推荐给家长。例如，我们学校就与一名心理学教育专家合作，共同创办了"八一玉泉家长成长课堂"的公众号，免费为家长提供亲子教育的方法。起初，家长的参与性并不高。为了调动家长参与公众号的学习热情，我会每周固定两天在群里发送我学习完公众号后的收获、心得，将其分享给家长；或者，我会针对本次讲座中一个亲子教育的热点话题发起家长群内的观点讨论，激发家长参与的热情。

（三）必要时单独与家长沟通

针对个别家长采用单独约谈的方式，也是家校合作的一种有效途径。

无论是班主任家访还是家长来校，与家长约谈都应是有目的、有准备、有计划地进行的。约谈前，班主任要充分做好准备。在交谈中，通常我会简要、全面地汇报孩子这段时期在学校里的表现，着重谈孩子的进步和优点，展示孩子的奖状和奖品，并提出需要注意和改进的地方。约谈的话题有时也可以是老师和家长共同探讨孩子发展的方向。

（四）积极发挥现代通信工具和社交媒体的作用

利用校讯通等现代通信工具，及时进行电话、微信交流。班主任要认真了解学生的家庭情况、文化修养、家庭环境，做到心中有数。打电话给家长的原则是：多报喜，巧报忧，并指导家长适当地与孩子进行亲子沟通，以提高孩子的身心健康，及浓厚的学习兴趣。通过通信工具的使用，让很多问题得到了及时解决，还能促使家校和谐发展。

总之，与家长沟通是非常必要的，他们对自己孩子的了解更准确、更深入、还有的家长在教育观念上有些合理的意见，经常与他们沟通交流，不仅有利于充分调动家长主动与教师配合教育学生的积极性，同时也有利于本人开阔思路，博采众长，不断提高教育教学水平。我相信，家庭教育和学校教育之间架起沟通的桥梁，一定会促使学生身心和谐发展，家校合作一定会谱写出和谐教育的新篇章！

第四节　家校社三方合力共促学生发展

学校教育最重要的工作就是育人，不仅要使学生具有扎实的基础知识，健康的体魄，还需要有健全的人格，乐观的心态，为人处世的方法。学校德育工作不仅要使优秀的学生更全面，还要使后进的学生变先进。因此帮助那些有特殊需要的学生，让他们适应学校生活，最大限度地开发他们的潜能，从而更加健康快乐地成长，更是学校德育工作不可或缺的部分。同时，每个问题孩子的背后都有一个存在问题的家庭。也就是说，问题孩子的产生主要源于问题家长。因此，本着"为了每个学生的发展，为每个学生的终身发展打好基础"的原则，学校借助社会机构，将帮扶特殊家庭，干预家庭教育，引导亲子教育向亲职教育转变提到学校德育工作的日程，以达到协助班级管理，促进学生进步和学校发展的目的。

一、借助社会机构参与学生教育、家庭教育指导的背景和依据

（一）驻校社工的发展概况

驻校社工的学校社会工作起源于 20 世纪初的美国。到 2000 年，我国香港地区全部实行"一校一社工"制度。在内地，"驻校社工"颇为新鲜，对一般人而言是比较陌生的字眼，但这挡不住它的发展，因为学校真的是需要社工。据了解，驻校社工已经开始在我国内地的中小学校纷纷起步，目前，北京、上海和广州等地区开始尝试将专业社工引入学校。由此可见，驻校社工的发展合乎历史进程。

（二）当前中学生现状与现实需求

当前中学生的心理健康状况总的来说是好的，但为数不多的学生存在着不同种类、不同程度的心理问题，主要表现在以下几个方面：①厌学；②逆反；③易怒；④社交恐慌；⑤不良嗜好；⑥焦虑甚至抑郁。

我校由于近年来外来务工子女的增多，困难生数量明显增加，这部分学生的教育成了本校的难点之一。这些学生中有网络成瘾的，行为问题严重家长管理缺乏的，因无人管理或教育乏力而产生的学习问题的，因家庭关系导致学生学习问题的，也有因缺乏父母关爱导致学习行为问题的。同时，每个问题孩子的背后都有一个存在问题的家庭。也就是说，问题孩子的产生主要源于问题家长，家庭教育环境急需改善。困难生消耗了班主任太多的时间和精力，但往往教育效果并不尽如人意。所以急需有一批具有专业素养的机构，帮助学校和老师走出这一困境。

（三）有值得信赖的社会机构

北京超越青少年事务所是北京市首家市级青少年司法社会工作服务机构，事务所与各级司法机关合作，实施驻校社工服务和司法社工督导培训服务等专业社工服务。原北京市团市委副书记黄克瀛曾经驻点我校开展团委工作，了解到我校团委和学生教育情况，鉴于在学生教育管理中遇到的困难和困惑，由黄书记牵头，我校与首师大超越社工组织建立起学生教育指导机制，开展学生指导工作。

二、借助社会机构开设活动，帮助学生快乐成长

由于暑假期间学生有较多的时间可以接受社工的服务，而且服务频率密集，能够促进

学生有更多的成长和收获，因而，暑期是社工服务重要的工作时间段。

（一）暑期夏令营提升学生自我效能感

自我效能感是指个体对自己是否有能力完成某一行为所进行的推测与判断。自我效能感的提升必须有足够充分的体验，在一次次的体验中，孩子发现，自己是有能力实现自己制定的目标的，那么下次出现类似的挑战的时候，甚至出现的挑战他从未经历过，但是他能够告诉自己，自己是能够实现的，或者是可以试试的。这样不断地重复，不断地积累成功的经验，当成功的经验多了，首先满足了孩子的成就感，在此基础上继续积累就会提升自我效能感。但现实的情况是我们的孩子积累更多的是失败的经验，所以他们的退缩、逃避已经变成本能的反应。要在这个基础上去设计活动，让他们不断地去经历，去挑战，去获得成功的经验，一点点来提升其自我效能感。

在一次次挑战中，孩子们表现都很棒。一方面要战胜新任务对自己的挑战，要面对炎热天气的挑战，另一方面营员之间要团结协作，相互帮助，共同克服困难。孩子们在这些困难面前，不放弃，不抛弃，不抱怨，一次次战胜困难，完成任务。收获了快乐，更收获了自信。

（二）"少年超越吧"带给学生家的感觉

在暑期，每位学生将到北京超越青少年社工事务所位于万泉河桥南的"少年超越吧"（专门为青少年提供的活动场地）接受服务，要求每名学生每周两天时间到"少年超越吧"接受服务，并要求由家长接送。

社工开设的小组的目的主要有三点：

其一，让孩子们体会到，除了上网、玩手机、看小说，我们的生命还有很多的可能性。社工的活动就是要激发这些可能性，让孩子们看到，我还可以做很多，进而调动起其积极正向的生命能量，纠正其原有的不良行为。

其二，让孩子们体会到我可以。也就是说，提升孩子们的自我效能感。由于社工安排的活动不仅仅是学习一门技术，更重要的是带领孩子们体验这个学习和探索的过程，在整个过程中，一定会经历困难和失败，也只有这样，孩子们才能够更加体会到成功的不易和成功的快乐。

其三，小组活动的过程必然是与人沟通的过程，因而孩子们必须在小组中体验不同人的生命历程和为人处世的，必须在小组中与其他成员沟通。在这样的沟通过程中，社工会鼓励和跟进，促进孩子们更好地表达自己的观点，用更加理智的方式来化解冲突和解决问题。

三、三方合作取得的效果

学校借助社会机构帮助孩子和家长摆脱困惑，走出困境，调整心态，增强规矩意识、责任意识和合作意识，挖掘潜能，健康快乐地成长。家长在一系列的活动中，能够接受新的教育理念，提高教育孩子的能力，能够与孩子更好地进行沟通，进而缓解亲子冲突，促进和谐的家庭关系的建立。同时，学校在社会机构的帮助下，老师能够有更多的时间和精力关心所有的孩子，接受更科学的教育理念，从而能够更好地建设班级、年级，使学校能够形成更良性的发展。

教育家苏霍姆林斯基曾强调说："最完备的教育模式是'学校—家庭—社会'教育，学校和家庭、社会是一组教育者。"家庭是学生成长的温馨港湾，父母是孩子的启蒙老师，家长的熏陶与潜移默化极为重要。因此家长的教育理念、教育思想、教育态度，对孩子的教育在一定程度上影响很大。作为学校，要保证学生的全面发展，必须是学校和家长"两个教育者"同心协力合作，以各种形式拓宽教育渠道，才能形成教育工作的合力，使教育的结果达到最优。而借助社会机构，利用他们的专业知识和力量，帮助学校、家长和孩子走出困境，实现教育的最优化，是学校德育工作的一个新途径。

第五节　家校合作助力初中生停课不停学

传统教育理念认为，教育就是学生在学校接受文化知识，培养能力，提升素养等的过程。可是随着时代的发展，学生教育更主张学校、家庭、社会的合力作用，尤其是2020年春遭逢疫情特殊时期，广大中小学生只能居家线上学习，家庭教育就显得更为重要。那么在特殊时期的班级管理中，班主任应该怎样开展家校合作呢？

一、家委会参与班级管理

在日常班级建设中，我校从初一年级入学起就成立了年级和班级的家委会。居家学习的特殊时期，班主任鼓励家委会成员积极参与班级事务的管理，在家校沟通中起到桥梁纽带作用，进行信息的上传下达、、交流互通。

（一）家长课堂拓展学生知识

家庭是重要的教育力量，家长往往拥有重要的社会资源，且很多人在各方面都是专家。居家学习时期，通过有专业背景的家委会家长网络课堂，给学生讲解一些课堂外的知识，如学习方法、疫情常识、心理调节等。例如，我校初一有班级开展了"全脑思维高效学习"思维导图家长课堂等。通过发挥各行各业家长的专业优势，吸引家长进课堂，使学生的知识得到拓展，激发其学习兴趣，促进其全面发展。

（二）多样活动参与班级管理

班级的事务琐碎而繁杂，疫情防控特殊时期班主任既有课程教学、教研等的压力，又要收集汇总上交班级学生身体等情况，因此需要借助班干部队伍进行自主管理。但是学生在管理中也会出现各种问题，因其年龄小、阅历浅，有时不能正确处理，这时就需要家长的助力。居家学习期间，班主任邀请家长策划、协助学生举办了一些活动。如我校初一年级各班开展了家务劳动课活动等，一方面发挥了家长的积极性，减缓了班主任的压力；另一方面也促进了家长与学生的沟通，融洽了亲子关系。

二、信息技术创新交流方式

信息时代的发展促进了教育的改革，也拓宽了家校沟通的渠道，使家校沟通无障碍，更加及时、便捷、高效。疫情期间，班主任通过班级 QQ 群、微信群，及时进行国家、市区教委、学校政策信息的发布，收集学生居家学习期间的学习、生活情况，增强了与家长的沟通，便于班主任与家长都能及时掌握学生的动态。好的教育就是要努力让孩子在成长中获得成功的体验，而后在成功的体验中确立新的目标，求得更大进步。居家学习期间，任课教师借助 QQ 群、微信群对于一些学生掌握不好的重难点知识进行讲解，家长和学生也可就一些疑难问题进行提问，教师及时解答，提高了学习效率。对于学生常出现的生活中的问题，班主任也借助 QQ 或微信与家长私聊，了解学生的生活状况、心理状态，及时探讨，寻求解决方案，与家长一起努力，改正学生的不良问题，促进学生的健康、全面发展。

三、家长学校共商管理对策

初中生正值青春期，其生理和心理正处于一个转变期，容易因困惑而产生各种问题，而家长们往往缺乏教育智慧，不懂得如何帮助学生改变，导致问题积聚，久而久之严重影响学生的身心健康。学校德育部门和班主任开办家长学校，定期开展家长培训，利用自身的教育智慧和教学经验，及时向家长讲解青春期常见的问题及解决方案。在居家学习的特殊时期，家长承担起了教师的部分角色，为做好家校共育，学校的线上家校交流平台，对家长如何开展家庭生活教育、组织家庭活动、挖掘家庭群体生活的宝贵育人资源等提供指导与帮助。这些都为我们家长的学习提供了良好资源，家长积极参与进来，虚心当好"学生"，提升自身家庭教育的引领力。如一些学习差的同学，因为挫败感，经常会产生"习得性无助"，认为自我天资不够，产生绝望的心理，这时班主任就与家长一起探讨，希望借助家长的力量，用鼓励与关爱去帮助学生解决心理困扰，重拾学习信心。

总而言之，家庭教育与学校教育直接关系到学生的未来，尤其处于快速发展的社会背景下的中学生，受家庭熏陶、社会影响较大，教育上稍有不慎后果就不堪设想。在培养学生全面发展的关键时期，学校教育和家庭教育一定要紧密地结合在一起，在居家学习的特殊时期，线上学习特殊的教育模式下，需要老师和家长携手共同面对，需要家庭与学校共同发力。孩子的成长，需要家校共同努力。学校教育中要融合家长的柔性教育方法，家庭教育中家长要提升教育品质，积极配合学校教育，学校有德，家中有爱，二者融合在一起，才能真正地促进学生身心健康发展。

第六节　建立家校合作命运共同体

家校合作是新时代教育的呼声，明确将家庭由学校的附属地位上升为责任主体，关于家校合作的实施存在一定的困境。分析主要困境，思考如何建立家校合作命运共同体。首先正确认识家校合作的价值理念，树立家庭、学校与学生的命运共同体意识；其次完善家校合作的专业机制，不仅要提升主体专业素养，还要积极探寻家校合作的多种模式；最后运用社会背景的强势渲染，掀起社会探讨家校合作的热潮，推进家校合作的更好发展。

教育的主体是人，教育的最终目的是促进人的全面发展。基于教育的真正价值理念，教育仅依靠学校的理念并不成熟，教育需要学校、家庭与社会的共同努力，建立家校合作命运共同体是时代真挚的声音。2017 年，教育部印发《关于深化教育体制机制改革的意见》中明确提出，加强学校教育、家庭教育、社会教育的有机结合。

然而，教育实践表明，家校教育存在许多问题，仍旧处于探索阶段，其发展并不完善。2018 年 9 月，教育部发布《全国家庭教育状况调查报告》，其中数据显示：95.6%的四年级班主任和 97.4%的八年级班主任在与家长沟通中遇到困难，排名前三位的困难均为"家长认为教育孩子主要是学校和老师的责任"、"家长参与沟通的积极性不高"和"与家长教育理念不一致"，且人数比例均超过五成。对于家校合作面临的困境，研究文献相对丰富，经认真阅读与分析，主要包括三大方面：一是家长无法正确认识家校合作的价值理念，坚持传统教育理念，认为孩子教育主要依赖于学校教育，家校合作是学校教师逃避责任的一种表现。教师无法把控好家校合作的边缘，无法正确认识家校合作的真正意义。二是家校合作并未建立起完善的专业机制，一方面体现在家校合作家长缺乏良好的教育方法，无法与孩子进行良好的沟通与监督，另一方面家校合作的途径大多是通过微信群沟通，具有许多弊端。三是家校合作的整体环境不利于家校合作长期发展，家长认识有待提高，学校方面有待加强与家长合作的相关研究，政府方面应该出台一些家校合作的相关政策，共同营造家校合作的良好环境。

基于以上家校合作面临的主要困境，本节就建立家校合作命运共同体的策略提出几点建议。

一、正确认识家校合作价值理念

家校合作最根本的目标诉求是双方相互信任、彼此合作，致力于提升学生的学习成绩，了解学生的全面发展情况，共同推进学生核心素养的建立，实现终身发展。家长与学校的关系是合作伙伴的关系，不是对立关系，家校合作不是教师为了"躲清静"，而是为了让家长参与到孩子的成长过程中，这既是家长的权利也是家长的义务。家长的最大心愿是孩子成绩优秀、品质优良、能力卓越，学校教育孩子的使命也是为了每一位学生的发展。家长学校有共同的目标，就是家校合作的扎实基础。家校合作过程当中，家长参与其中，不仅可以促进孩子的成长，同时可以促进家长本身的成长，对于家长而言也是学习，并且有利于促进家庭感情和家风建设。家校合作过程中，有部分家长无法正确认识家校合作的价值理念，一些教师同样也存在错误心理。部分教师认为实行了家校合作，家长可以及时了解学生的情况并且参与到教育孩子的过程中，教师就可以"松口气"，即使孩子犯错误，也是在家长已知情况下，并不关乎自己责任；一些教师将自己教书育人的职责分配一些给家长就认为是家校合作，忽视家校合作的真正价值所在。纠正家长和教师对于家校合作的价值理念的正确认识，刻不容缓，必须统一家校合作命运共同体思想。学校可以通过讲座、开会等多种形式向家长与教师解释清楚家校合作的教育背景、教育目标、教育方法等等，期待他们利用互联网自学和孩子共同成长与进步。

二、完善家校合作专业机制

部分家长反映孩子处于青春叛逆期，根本无法进行正常沟通，更不要提学校教师布置监督孩子完成作业的任务，就是问一句，孩子内心都无比抗拒。针对这一现象，必须从两方面着手：一方面提升家长的教育素养，定期给家长提供相关教育教学讲座，学习教育心理学、教育方法等相关专业知识；另一方面学校教育必须重视学生的心理教育与道德教育，及时引导学生正确认识自我，认识到与父母之间和谐相处的重要性，认识到家庭教育的意义所在，使学生从内心认识到家校合作的初衷是为了促进他们本身的发展，自发积极主动配合。同时，安排丰富多彩的亲子活动，如社区调研，让父母和孩子积极合作研究，促进感情交流。关于"家长微信群"的建立，近几年是一个非常具有争议的话题。"家长微信群"有出言不逊的家长顶撞与质疑老师，引起家长内部人心惶惶；有个别家长因为孩子琐事在"家长微信群"里吵闹得不可开交。关于这个问题，首先，应该给"家长微信群"进行一个合理定位：它是为了促进全部家长与教师沟通孩子情况所建立的，并不是为了单独一个家长而建，若有关于孩子的事情需要与教师沟通可以私聊或者电话或者面谈，而不应该占用公共空间；其次，"家长微信群"只是家校合作的一种方式，不是全部，它起到的仅是一个辅助作用，教师应该认识到这一点，不应发学生成绩排名等涉及隐私的资料，要做到尊重学生、尊重家长。此外必须积极探索家校合作的其他模式，爱普斯坦指出，家校合作可以归结为六大模式：当好家长、相互交流、志愿服务、在家学习、决策、与社区协作。根据爱普斯坦的六大模式，结合丰富的科研资料，理论指导实践，探索适合本校校情的家校合作模式，不断改进与成长，将家校合作不断推进到较为专业成熟的模式，家校合作必然取得多赢的效果。

三、营造家校合作良好环境

家校合作看似涉及的主体有三：一是家长，二是学校，三是学生。实则不然，其隐藏在背后的社会对于家校合作也起到重要作用。社会对于家校合作的态度，尤其是政府及其相关部门的态度，大大影响了家长与学校教师的思想。据调查显示，有40%的校长、25.21%的教师和11.8%的家长认为家庭教育由政府负责，39%的校长、52.15%的中小学教师和55.5%的家长认为家庭教育应该由教育行政部门、妇联等负责。习近平总书记在全国教育大会上指出，"办好教育事业，家庭、学校、政府、社会都有责任"。政府可以出台相关政策，可以利用各种互联网渠道进行宣传，比如新闻播报、公众号推送，引发全民热烈讨论，营造国家政府重视家校合作的良好氛围，激发教育磁场，实现教育合力，掀起全民家校合作热潮，推进家校合作建设。总之，关于营造家校合作良好环境，宏观层面需要国家政府支持，微观层面需要每个部门、学校、家庭以及每位教师的齐心协力。只有我们将责任落实到每个主体，相互监督，相互成长，才有利于推动家校合作发展。

以北京市为例，近期，市教委正式发布《北京市关于进一步加强中小学家庭教育指导服务工作的实施意见》（以下简称《实施意见》）。《实施意见》是北京市中小学开展家庭教育工作的指导性文件，提出要落实立德树人根本任务，健全学校家庭教育指导服务体系，营造全社会协同育人氛围，促进学生健康成长和全面发展。这个文件体现了政府对于家校合作的极力倡导，也引起了学校和家长的高度重视。我校在家校协作方面目前也在大力推进，例如学校公众号会定期推送有关我校学生的各类大事件的新闻——学生参加曲棍球比赛、运动会、校园美食节等，为家长了解孩子在学校的动态提供了一个窗口和平台。

同时，我校也会不定期举办家长会，教师不定期家访或邀约家长来校，教师与家长微信联络，为家长举办知识讲座等。通过这些举措，营造出家校合作的积极氛围，家校合力推动学生的全面发展。

综上，着眼于家校合作的真正价值所在，即切实为了每位学生的全面发展与成长，提高家长对于家校合作的认识层次，培养家长掌握一些相关专业理论，同时注重教师队伍素养提升，探索家校合作多种模式，实现家校合作较为成熟的发展，营造有利于家校合作的良好环境。但教育实践的复杂性，需要我们每位教师时刻关注实情、校情，及时调整计划安排，坚持问题导向思维，积极探索家校合作新策略。

第二章　尊重生命学会彼此沟通

每个人的生命都是独特的，都是需要得到尊重的。因此，不能无视别人的生命价值，更不能无辜伤害他人的意愿。在这一前提下，沟通就显得非常重要。在开展生命教育的过程中，要让学生理解沟通的重要性，把握如何通过沟通解决问题、达成共识。而教师（尤其是班主任）的沟通能力就显得尤为重要，他们不仅需要在教师之间沟通，还需要与家长、学生进行沟通。可以说，沟通是一门艺术，一次成功的沟通，就是一次成功的教育。

第一节　巧用沟通艺术

班主任和家长之间的有效沟通是促进学生健康成长的重要保障，而双方有效沟通的实现需要因人而异，因事而异。尤其是面对持有偏见的家长，班主任更要晓之以理，动之以情，把话说到家长的心坎里，使家长乐意合作，主动合作，从而成为学校教育忠实的同盟军和坚定的支持者。

一、"静待花开"——让缺乏信心的家长看到未来

每个班级，都有成绩佼佼者，也有一些后进生。对于成绩落后的孩子，似乎"家家有本难念的经"，成绩落后的原因各不相同，但是，孩子的身上都有不同的闪光点。作为班主任，在与这些孩子家长沟通的时候，我总会有意地"放大"他们身上的闪光点。敏敏是一个上课就睡觉，下课很活跃的女孩，自然，她的成绩也不怎么好。为了了解她为什么上课那么困倦，我与她爸爸进行了一次沟通。通过了解得知，敏敏是一个单亲家庭的孩子，从小跟着父亲。由于觉得亏欠孩子，敏敏的父亲总是任由孩子"自由活动"，比如晚上玩手机到很晚，放学后也任由孩子闲逛一会儿才回家等。敏敏看似乖巧，性格却非常叛逆。谈话中，我能体会到一个单亲父亲在管教青春期女儿的迷茫与无奈，但是，也观察到他眼里对女儿的一丝期待与希望。在谈话过程中，我只是轻描淡写地说了孩子上课犯困的事，但是我说："敏敏有一科从来不犯困，老师经常表扬她。"她的爸爸眼中露出一丝怀疑，我接着说："是美术课！"看着她爸爸立刻暗淡下去的眼神，我猜出他可能认为这是一门

"副科"。我马上说："您不觉得孩子在绘画方面有天赋吗？每次班里征集手抄报、布置班级文化展板，敏敏的作品都能入选！在上学期的校园艺术节上，她还获得了书画二等奖呢……"在我有意"放大"孩子优点的描述中，敏敏爸爸眼中的怀疑和失落渐渐被喜悦和希望所代替。临走时，他突然问我："您说我现在就给她报个绘画班，将来让她考绘画类院校好不好？"我笑着表示赞同。虽然敏敏今后也不一定去上绘画专业院校，但我知道，这次沟通给了这个无助又无望的父亲一点希望的光。晚上，敏敏爸爸的朋友圈多了一条转发的文章："静待花开——我的孩子还是个花苞！"而接下来的日子里，敏敏也有时上课睡觉，但是，她渐渐有了一科、两科自己从不睡觉的"主科"，美术老师说她永远是美术课上最认真的那个孩子……我想，这个"花苞"正在吸取更多的阳光和雨露，已经含苞待放了！

二、"换位思考"——理解"特殊孩子"家长的苦衷

在接手初二这个班的时候，前任班主任交给我一份"特殊生名单"。经过和几个"特殊生"家长沟通，我了解到一些孩子的情况，但是新学期开学的忙碌让我还无暇问清每个"特殊生"特殊原因的时候，小乐就给我来了个措手不及。

刚从邻班下课踏入走廊，我就听到自己班里传来一声吼，紧接着传来桌椅倒地的声音。我赶忙往教室跑，却一下子撞上了一脸怒气的小乐。其他同学的脸上虽然也有惊恐之色，但看得出，他们并不是第一次见到过这阵势。大家看着我，猜想着我怎样处罚小乐。"特殊生"小乐究竟怎样"特殊"我还没弄明白，怎能擅下结论？我走到被掀翻的桌椅旁，默默扶起桌椅，再回头，看到了小乐眼中的一丝慌乱和不安，但很快，他又恢复了怒气。

我将他叫到办公室，递给他一颗棒棒糖，这时，又看到了刚才他眼中的那丝不安。"咱们把爸爸或妈妈请来吧？你有委屈，说给老师或爸爸妈妈一起听，好吗？""老师，不能叫我爸来！""哦，那我请你妈妈来。"我在安慰孩子的同时，给他爸爸发去了邀请信息。心里想："不能叫爸爸来"这个原因，我今天一定要找到。发完短信，我告诉小乐："你妈妈说今天她很忙，来不了，你爸爸一会儿就到了！瞧，他很关心你，撂下手里的活儿就来了！"在接下来发生的一幕，让我差点觉得这是对自己刚才的谎言的一个惩罚：小乐爸爸几乎是冲进办公室的，也是一脸的怒气，进门先对我说："又是谁欺负了他?!"听到这句，我按捺住想对他说"是您家孩子掀翻了桌子！"的冲动，思考的几秒钟，"欺负"二字让我冷静了下来。小乐爸爸用了"欺负"二字，可见他所做的只是想最好地保护孩子，小乐又在"特殊学生名单"上，我更要弄清楚孩子的情况。既然是"特殊生"，他的家长为什么不提前告诉我孩子的"特殊情况"？

看着小乐爸爸生气又欲言又止的表情，我明白了他支吾的原因——他不想因为孩子的"特殊"而伤害孩子，他甚至不想让我知道他的孩子"与众不同"。当着孩子的面，我先"放大"小乐的闪光点——做值日很认真、当着政治课代表很负责……孩子渐渐面露喜色，我让他回班里去上课了。接下来，我明白，与小乐家长的有效沟通，最重要的一点就是换位思考，了解对方的真实需求，并针对其关切点提出建议。于是，我试探着说："小乐爸爸，我明白您的心情，您是不是担心小乐在学校和同学相处不好呀？甚至担心他被同学欺负？""是的。""可是我看小乐身强力壮，怎么会受人欺负呢？""……"他的沉默表示此刻不想告诉我小乐"特殊"的原因。我也在换位思考地体会着这位父亲的心思——想要告诉老师，又怕孩子受到"特殊"的眼光！因此，我说："我觉得小乐性格憨厚，做事又认真负责，他一定不会欺负别人，您也不用担心他会受人欺负，因为我们班是一个和谐的大家庭，而且，出现同学之间的矛盾是很正常的，我也会帮助孩子们解决好的，这一点，请您放心。"我没有逼问孩子"特殊"的原因，也装作不知道孩子"特殊"，是想让家长信任我，自己告诉我。我依旧使用自己"放大闪光点"的方法和小乐爸爸沟通，慢慢地，他对我说："哎，您不知道啊！小乐这孩子有些特殊呀！……"

我终于明白了小乐情绪不受控的原因，也明白了为什么小乐会因为一点小事就和同学发脾气，原来是由生病服药所导致的。我庆幸自己没有在小乐掀翻桌子的时候批评指责他，也没有让他的家长知道我早就知道小乐是个"特殊生"。

其实，和特殊孩子的家长沟通，虽有挑战但却并不困难，只要进教师心平气和，从孩子的利益和角度出发，巧妙运用谈话技巧，绕过各种"假想敌"的干扰，使沟通朝着"解决问题"的方向发展，一般来说还是有效的。毕竟，家长和老师都有着共同的目标——孩子健康、优秀，这是我们沟通的基点。

三、良好沟通——变"护犊子"家长的"袒护"为"呵护"

家长出现袒护行为的原因很复杂，但目的往往较单一：保护孩子不受惩罚、避免孩子出现情绪问题、让孩子更有心理安全感等。生活实践中我们不难发现，家长越袒护，孩子的问题行为越多，经常形成恶性循环。因此，对待"护犊子"的家长，我们也要理解家长的行为根源，解决问题的时候，从孩子的利益出发，用事实说话，以理服人，并且让家长认识到自己的"袒护"不仅不会对孩子有益，反而会让孩子迷惑甚至歪曲事实。

一天中午，孩子们吃完午饭回来，萌萌就急慌慌地来找我："老师，别人拿我的饭卡刷了钱买了东西！"紧接着，萌萌妈妈和她的姑姑也急匆匆赶上楼来。原来，萌萌已经提前将她"饭卡被盗用"之事告诉了她妈妈，而她妈妈还邀请了她姑姑一起前来"兴师问罪"。因为之前萌萌和同学出现过几次小矛盾，跟萌萌家长沟通的时候我发现她喜欢"护犊子", 很容易避自己家的闺女"重"而就别的孩子"轻"。这次听说自己女儿饭卡被别人刷了, 那还了得! 我在脑海里迅速排好了处理这件事的步骤: 1. 充分了解原委; 2. 用事实说话, 以理服人; 3. 从孩子的利益为出发点, 加强沟通; 4. 解决问题。

后经了解, 萌萌认为自己饭卡上的钱数和前一天的余额对不上而怀疑别的同学盗刷了她的饭卡。我提出了问题: 为什么萌萌的饭卡会在别人手上? 萌萌说学校为了大家的健康规定午餐只能购买一瓶饮料, 她还想喝一瓶, 就委托别人帮她买。萌萌妈妈马上指责学校食堂不该限制孩子们买饮料, 又指责学校不能像超市购物那样有购物小票……我对萌萌妈妈说: "将来萌萌长大了, 随意将自己的银行卡交给别人, 您会同意吗? 学校的规章制度, 都是从孩子的角度出发, 都是为了孩子的身心健康发展而制定的, 如果您允许孩子每天以饮料代替水, 您认为会对孩子的健康有利?" 因为这是事实, 本打算找学校食堂"算账"的萌萌妈妈停下了脚步, 但是, 依然一心只想为女儿"讨回公道"的她说: "我的孩子我最了解, 她绝不会无缘无故诬陷别人, 她说少了就少了!" 我接着说: "如果真的少了, 我一定会帮您查清楚, 并让刷卡的同学还给萌萌钱。" 这句话一出口, 萌萌妈妈的口气缓和了一些: "我也不是看重那几块钱! 我就是不想在萌萌受到别人欺负!" "我也不想在我的学生受到别人欺负! 那前提是我们得先学会如何保护自己, 如果连自己的私人财物都管理不好, 轻易相信别人交给别人, 那这不是受别人欺负, 而是选择受到欺负!" 萌萌妈妈看了看女儿, 因为我说的关系到萌萌以后的利益和安全, 她也赞同地点了点头。"无规矩不成方圆, 违背规则的人总会受到惩罚, 最后受损的还是自己! 我们身边不是也发生了一些因违背规则而受到惩罚的事例吗?" 我用身边的事例再一次说服了萌萌妈妈, 并建议她回家后以今天的事为鉴, 再好好为女儿上一课。接着, 我马上到学校食堂帮助孩子查清了刷卡明细, 给事情最后的解决办法。最后, 一个抱着前来"兴师问罪"的家长, 不再护自己孩子的"短", 让自己和孩子都认识到了各自的错误。

总之, 在面对"护犊子"家长时, 班主任要做到"理性分析, 价值澄清""利益综合, 价值引领"。在了解家长袒护行为背后所持的价值立场之后, 接下来就要引导家长回归理性思考, 澄清自身价值立场的利弊得失。要使家长认识到, 不同的人对同一件事会有不同的价值立场, 因为每个人思考问题的角度不一样, 从利益主体视角上看, 有个人利益、他人利益和社会利益的不同; 从利益时限视角上看, 有当前利益、长久利益之分。然后进一步帮助家长思考自己持有的价值立场的可能结果, 审慎地权衡各种利益选择的积极结果和消极结果。在引导家长认识到不同价值主体有不同的利益诉求, 不论是从个人利益、他人利益还是社会价值利益出发, 在每一种价值立场都有利弊得失的基础上, 班主任要引导家长去权衡出三者间的共同利益, 找到一种"共赢"的做法。

爱子之心, 人皆有之。爱子失度就是溺爱, 这也是家长袒护孩子的人性根源。作为教育者，我们要遵从人性，转换解决问题的视角，努力站在家长的角度思考问题的解决之道，提升自己的教育智慧，用良好的沟通与家长组建教育"同盟军"。在教育孩子的同时，也让家长了解并学会运用更容易走进孩子心灵的教育方法，相信自己的孩子，相信未来；通过理解和关爱，化危机为契机，此为教育之意义，教师之责任。

第二节　亲子沟通有效方式探索

孩子进入青春期之后，家长们往往就会发现和孩子的沟通越来越困难，家长的疑惑是孩子到底怎么了，怎样才能实现有效亲子沟通。需要认识到青春期孩子的特点，需要转变思维方式，建立问题"正常化"的概念，而不是走向焦虑、抓狂。无效沟通不但无助于问题的解决，更有可能使问题陷入更加困难的境地。要对孩子出现的问题进行再建构，转换角度，遵从真正爱孩子的初心，让孩子感受到来自父母的爱与支持，从而获得滚雪球效应，积聚越来越好的势能，坚持和善而坚定的态度，孩子的问题往往在这个过程中才能逐渐解决。因此，有效的亲子沟通方式非常重要，值得不断地探索。

暑假期间，在跟学生家长沟通时，很多时候能听到家长跟我诉苦："无法和孩子好好沟通，孩子好像变了个人似的，房间不让进，作业不让检查，说不了三句话就不耐烦，脾气越来越大，一点小事就闹情绪，都不敢跟他大声说话，我们说东，他偏偏往西，还总是给你拉个脸，是不是心理有问题了？"等等。

不只是一个家长跟我这样说，我就在反思，应该如何给这样一类家长指导，显然，如果家长的思维模式不改变，孩子的问题是永远无法得到解决的，家庭矛盾也会越积累越深，孩子偏离家庭也会越来越远。因此务必找到亲子沟通的有效方式，才能使问题迎刃而解。

一、亲子沟通之问题正常化效应

家长有时候会过分看重问题本身，会陷入问题里，看不到这其实只是孩子发展过程中非常正常的现象。对于一些"问题孩子"，家长要首先建立起"正常化"的概念。青春期的孩子到底是什么样子的，存在哪些方面的特点，家长是否了解青春期孩子的特点，让焦虑的家长意识到许多孩子都是这样的，孩子当下的问题只是暂时性的困境，而不是病态的、无法控制的。由此降低他们的恐惧感，让他们接纳事件的发生。

暑期沟通的一个家长在跟我打电话的时候就是声泪俱下地跟我控诉他家航航不听话，成绩都差成什么样子了，说他不听，还跟父母吼。我就问他是如何跟孩子聊的。他说花了那么多钱给孩子报辅导班，但是就孩子那点成绩让人太丢脸了，想想要是连初中都毕业不了，就觉得在单位邻里间都抬不起头，关键航航还顶撞他们。我在听了之后，深感这对父母在教育孩子方式上是明显不对的，尤其是在跟孩子的沟通上，把孩子的问题无限放大，说得无限严重，使孩子处于一种完全自我否定，甚至觉得自己是个废人，干啥啥都不行的状态中。

所以，我再跟航航爸爸沟通的时候，我直接告诉航航爸爸："这个年龄的孩子，不就是这样吗？不就应该没那么听话，不就是会有莫名的情绪吗？"每当我这样说的时候，家长的第一反应往往很错愕，在他们眼里的大灾难怎么在老师这里就这么轻描淡写了？我会跟他们耐心分析青春期孩子的特点和问题的成因。之后再看到孩子房门紧锁，情绪无常，极度叛逆等，就跟自己默念："这个年龄的孩子，不就是这样的吗？"不要陷入与孩子权力争夺这种无效战争中，家长想要显示自己的权威，孩子想要挣脱家庭的束缚，寻找自我。在这个过程中，家长应该扮演的角色绝对不是控制者，就像是练车一样，家长只是旁边的陪练，必要的时候踩刹车，但是车终究还是得孩子自己开上路，家长是替代不了的。

亲子沟通问题正常化之后，家长也放下自己的焦虑，孩子从父母身上能够感受到更多的关怀和理解，为下一步沟通打下良好的基础。

二、亲子沟通之问题再建构效应

心理学认为，人们会对一件事产生消极情绪，往往不是因为事情本身，而是对这件事的看法。所以，亲子有效沟通使我们对孩子问题本身进行重新描述和建构，能够看到更多可能性。与青春期孩子相处，家长仅仅理解他们是不够的，针对孩子存在的问题，须找到真实有效的办法，帮助孩子意识到问题，解决问题，从而有助于孩子的真正成长。

当孩子问题出现时，比如紧锁房门，如果家长解读为冷漠、拒绝、不沟通，或许并不十分准确，如果换个角度，是不是也可以理解为孩子在成长、在独立、重视个人空间，这样的建构会让家长放下焦虑。孩子叛逆任性，家长就解读为不听话、自以为是，如果换个角度，是不是可以理解为自我意识增强，有独立思考的能力，有自己的主张和对这个社会的认知。

当问题重新建构以后，家长们会发现，他们不再陷入问题的死循环中，孩子还是那个孩子，但是看待问题的角度不同，解决方式也就不同。关键是让家长从与孩子剑拔弩张的对抗中解放出来。

事例中，航航爸爸在和我进行了沟通之后，了解到对孩子一味地否定和不信任使孩子对他们越来越抵触，甚至让孩子情绪失控，航航爸爸也自我检讨，他对孩子的暴躁态度使问题扩大化、严重化，导致了孩子与他的对抗。我说，作为成年人，本身绝对会比孩子更加能够控制自己的情绪，所以首先在控制自己情绪的情况下，耐心与孩子沟通，去发现孩子的好，在肯定孩子的基础上再去提醒孩子存在的问题。

三、亲子沟通之问题滚雪球效应

在与孩子的沟通有了一个良好的情感基础，在解决了一个小问题的基础上，积累这样的好的效应，使得这个效应越来越大，一旦有了开始，雪球就会越来越大，优势也会越来越明显。伴随着孩子的成长，问题肯定会越来越多，尤其是青春期的孩子，但是办法总比困难多，家长不应一味地苛求孩子的改变，要着眼于自己能做的方面，启动一小步。家长至少可以做到不在孩子紧锁房门时猛敲房门，不在孩子闹情绪时火上浇油，而是去咨询老师，去查阅资料，进行自我提升。这些都是作为父母能够启动的第一步，当父母开始行动时，变化就发生了。

四、亲子沟通之和善坚定的态度

有效的亲子沟通中，作为父母，作为成年人，控制情绪的能力必定比孩子要强，所应该持有的是和善而坚定的态度，不抓狂，不焦虑，不吼叫，不责骂。务必不要再端起父母高高在上的架子，务必不要开始长篇大论地说教，深吸一口气，记住对自己来说最重要的事情——你是多么爱这个孩子。用和善的态度跟孩子了解他的想法，用启发式问题引导孩子说出自己的想法，关注孩子的感受，确保让孩子从父母那里得到的是爱、信任和尊重，不要将孩子推向自己的对立面，要成为孩子爱、信任和尊重的强大后盾。和孩子一起专注于现有问题的解决，务必不要总翻旧账，看到孩子现阶段的努力和进步，以及存在的问题。就问题的解决方式达成相互尊重，双方都能接受的约定，并遵守和孩子的约定。

总之，亲子沟通方式是多种多样的，值得深入探索，最重要的是作为父母始终不忘那颗真正爱孩子的初心，与孩子探讨他的问题时，保持耐心，和善而坚定地与孩子进行沟通，实现有效沟通，学会为孩子赋能，帮助孩子突破自己的困境，找到解决问题的办法，陪伴孩子到他想去的远方。

第三节　班主任要成为家庭教育引导者

班主任作为家校合作的重要桥梁，需要加强自身教育理念修养，真正做好学生家庭教育的引导者，当学生遭遇心理创伤或其他问题时，班主任才能运用习得的理论知识对问题作出精准的判断，为不同的家庭提供更加有针对性、实效性的方案。在这个过程中，班主任的沟通能力和专业素养也会不断提升，积极探寻家校合作的良好有效途径，从而促进学生的全面健康发展。

近日发生的一件事情让我开始思考作为班主任加强自身教育理念修养，做好学生家庭教育引导者的必要性和迫切性。

事情的经过是这样的：晚九点半，学生突然给我打电话，我一接电话，就听到电话另一头的孩子在哭泣，一个 14 岁的男孩子，哭成那样给我打电话，着实吓了我一跳。我以为发生了什么不好的事情，心脏跳得很剧烈。因为孩子在哭，我压下自己的恐慌，柔声引导孩子说出是怎么回事。孩子一抽一抽，断断续续地告诉我事情缘由，我大概听明白了是怎么回事：孩子因为使用手机的问题和家长起争执了，吵了起来，家长判定孩子玩手机耽误了写作业，孩子认为并未有影响到，自己一直表现很好，学习上进步了，作业没有耽误。同时孩子认为家长的表达方式有问题，不尊重、不信任他，让他很受伤害。他哭着跟我诉说："老师，我爸骂我神经病，侮辱我，我很生气，他不能这样说话！您说家长如果说错了就不能认错吗？凭什么我们做错了就要认错，家长明明说错了却不肯承认！"

我知道这个时候孩子的情绪是比较激动的，不能再有任何刺激。于是我尽量柔声放缓语调跟他说："孩子，别着急，老师相信你，咱们先平静下来，深呼吸，平静下来。"然后我又问他是否在家中，父母是否在家。得知他在自己家中没有外出，父母也在家中，我稍稍有些放心，先叮嘱他，务必不要出门，再生气也不能摔门出去，会有安全问题，要保护好自己，跟老师聊一会儿。

我先感谢他有了问题能够这么信任老师，跟老师诉说，这一点做得非常好，让自己的情绪有一个很好的发泄口，而不是自己默默承受积累成大问题。再肯定他的观点，就是父母如果犯错误，说错话是需要认错的，人都会犯错误，要有承认错误的真诚和勇气，这一点对任何人都是平等的，无论父母还是孩子。父母在教育孩子的过程中需要注意方式方法，不能因为是自己的孩子就可以打或者骂。不能因为是父母就要彰显自己的权威，不分青红皂白，一味认为自己说的就是绝对正确，孩子就得绝对服从。我也跟他表达了对他的生气和愤怒的理解，认可在这个事情上父母的不尊重和不信任使他感到失望和伤心。孩子边听我的话边哭，可以感受到电话那头的孩子是多么的委屈和伤心，我很心疼，让他在这个时候先不要跟父母沟通，双方都在气头上，也许会再起冲突。让他先稳定自己的情绪，别再过多地去想这些问题，可以眯一会儿休息，或者听听让自己放松的音乐。我去跟他父母再做沟通，同时我也说父母方式方法会有问题，但是爱孩子的初心不会变，让他别担心，问题一定可以解决。

挂了孩子的电话，我马上拨通他妈妈的电话，基于之前对这个孩子父母的了解，我知道他妈妈还是比较好沟通的。电话接通后，他妈妈跟我先说了事情的经过。孩子第二天是生日，因为觉得孩子这一段时间网上课程表现非常好，进步比较大，因此买了孩子喜欢的手机送给他作为表扬。但是晚上看到微信群里老师提醒作业的名单里有自己的孩子，立刻就觉得孩子玩手机耽误写作业了，因为孩子有沉迷玩平板电脑耽误学习的先例，于是对孩子就是一通批评。孩子爸爸更是激动，将手机没收，甚至说出了伤害孩子的话。孩子妈妈这个时候已经认识到教育孩子的问题了，也哭了起来，认为伤害到孩子了。

于是我也跟他妈妈表达了我的看法：在这个事情上，孩子父母存在的问题在于一是不加调查了解，没有耐心倾听就一口认定孩子存在问题；二是在孩子试图说明时粗暴对待，用批评、责骂、说教、纠正、盘问、贬低甚至羞辱来表达他们的失望。这个时候孩子是不可能感受到父母的支持和爱的，也并不认为父母是为他们好，甚至对父母有了很强烈的敌对情绪，孩子也说出了让父母受伤害的话，从而形成恶性循环。

基于此，我给他父母的建议是，一是不要把这个问题扩大化，收起自己的情绪，作为父母，作为成年人，控制情绪的能力是要比孩子强，不要过度焦虑，孩子的成长是个缓慢的过程，出现任何错误和问题都是非常正常的，关键看父母怎么引导。而这个事反而是教育引导孩子的良好契机，只要父母在这个问题的处理上让孩子信服，必然会进一步和孩子建立起较好的情感关联。二是务必不要再端起父母高高在上的架子，务必不要开始长篇大论地说教，深吸一口气，记住对自己来说最重要的事情——你是多么爱这个孩子。用温和的语调跟孩子了解他的想法，注意用启发式问题引导孩子说出自己的想法，关注孩子的感受，对父母存在的问题也坦诚地和孩子聊一聊，确保让孩子从父母那里得到的是爱、信任和尊重，不要将孩子推向自己的对立面，要成为孩子爱、信任和尊重的强大后盾。三是和孩子一起专注于现有问题的解决，务必不要总翻旧账，看到孩子现阶段的努力和进步，以及存在的问题。就问题的解决方式达成相互尊重，双方都能接受的约定，并遵守和孩子的约定。

孩子妈妈在听了我的话之后对我的说法表达了赞同和感谢，说要和孩子真诚地好好谈一谈。

事情的后续就是孩子跟父母有了良好的沟通，一家人找到了最初的对彼此的爱、信任和尊重，问题也得到了解决，孩子和父母在手机问题上达成了一致，约定了双方一起遵守的规则。孩子在这个过程中真正成长起来。

在这个事情过后，我也在思考我自己的角色在其中所发挥的作用是什么。我是这个孩子的班主任，他在遭遇困难的时候打电话向我哭诉，是对我的信任，我内心非常高兴。孩子父母最后也再三表达了对我的感谢，在家庭教育上也找到了更加良好的方式。

基于此，我想到了以下几点。

第一，班主任是孩子信任的人，理应担当起孩子的心理医生。

在这个事例中，如果没有孩子对班主任的信任为前提，就不可能有后续的事情，所以，作为班主任，赢得孩子的信任是很重要的，这是一切问题得到解决的前提和基础。班主任与其他科任教师相比，与学生关系更为密切，对学生的影响可能更大，是最适合在一线开展心理健康教育的工作者。因此，心理教育是班主任教育工作中不可或缺的一部分，是关注学生健康发展的必要途径，也是构建和谐师生关系，赢得孩子信任、尊重与合作的重要因素。如何提升班主任的心理素养，我有一些思考。

班主任在日常工作中一定要有意识、有目的地学习基本的心理学知识，自己梳理在教学中遇到的问题，将理论和实践结合起来。学校也要开展心理学知识和班主任心理辅导的培训活动，能够让班主任在培训中不断提升自己的专业知识和素养，并解决自己所遇到的困难和问题，从而具备更加完备的能力处理学生的心理问题，担起孩子心理医生的角色，在孩子遭遇问题的时候能够及时有效予以指导和帮助。同时，班主任也需要多和学校专业的心理教师沟通，在了解专业的心理学知识的同时，能够就班级相关案例与专业心理教师研讨，才能够更加精准地判断学生的问题，并采取正确有效的措施。

班主任不应当将心理教育只是集中在班里某几个有特殊问题或行为的孩子身上，要注意深入全体学生，比如尝试建立班级心理健康档案，在日常教育中对班里每位学生的心理发展状况进行记录，及时发现孩子的学习、心理等方面的问题，并与学生和家长及时沟通，这也是班主任赢得学生和家长信任的重要基础。

第二，班主任是家长信任的人，理应担当起家庭教育的引导者。

家庭教育对孩子的影响至关重要。家庭教育的作用是学校教育等任何其他机制所不能替代的。在家庭教育中，班主任需要担当起引导者，能够在家长和学生之间发挥沟通桥梁的作用，指导家长有效开展家庭教育工作。

而班主任专业素养的高低决定着家庭教育的效果，因此，需要班主任加强对于家庭教育的认识和有效方式的探索，掌握学生家长心理、法律法规、教育政策等知识，遵循平等性、科学性、理解性等原则来引导家长进行家庭教育。

班主任要仔细了解班级内学生的家庭情况，针对每个家庭不同情况进行具体的家庭教育指导，帮助家长认清和了解家庭教育现状，让家长正确地理解家庭教育，树立新型家庭教育观，提高家庭教育质量。

家长往往在关于家庭教育的理论和方法上相对较为缺乏，班主任也要根据家长的心理去激发家长的学习动力，让家长主动学习相关教育理论知识，比如召开专题家长会，利用家长开放日等组织家长听教育专家的讲座，及时和班主任沟通互动等。还要不断探索家长乐于接受的家校互动方式和家校沟通内容，用变通的方法指导家长开展家庭教育，通过多种沟通方式，在取得家长信任的前提下积极开展家庭引导。

作为班主任，在引导家庭教育的过程中，也要不断地总结反思，思考如何更好地开展家庭教育引导工作，为不同的家庭提供更加有针对性、有实效性的方案。在这个过程中，班主任的沟通能力和专业素养也会不断提升。

第三，班主任是家校合作的重要桥梁，需认识到家校合作的重要性，不断探寻家校合作的良好有效途径。

家校合作对学生的发展来说，具有重要的意义。家庭教育与学校教育具有一致性的特点，且家校合作共育能使教育实现连续性，有利于促进学生的成长。在家校合作共育的过程中，教师能及时了解学生在家的日常表现，而家长也能及时了解孩子在校的情况。家校合作共育，能使学校教育和家庭教育形成合力，有利于家校互补，实现双赢。

班主任由于其自身工作的特殊性，在家校合作中发挥的作用至关重要，承担着家校合作共育的大部分内容，因此更需要认识到家校合作的重要性，不断思考和实践家校合作的良好有效途径。

比如，班主任需要在教学中，更加主动地了解家长在教育过程中所面临的主要问题和困难及希望老师给予哪些方面的指导和帮助，多向家长咨询获得帮助的方式。

再如，班主任积极参与、配合学校开展的家校德育工作，如组织开展线上家长学校，定期进行专题式家长课程学习，班主任也要积极参与学习，组织家长相关讨论，提升理论和实践水平。

苏霍姆林斯基说："对一个家庭来说，父母是根，孩子是花朵。"孩子的成长是父母的一次修行。作为父母，不是天生就会做父母，需要不断地修炼。作为一名班主任，也是一样，在学生成长和发展过程中也扮演着重要的角色，需要不断地学习，不断地积累理论和实践经验，架起家庭教育和学校教育的坚固桥梁，让孩子在成长中遇到的困难和问题得到及时有效的帮助，用爱、尊重和信任真正成为学生信赖的良师益友，做好学生家庭教育的引导者，使孩子真正成为德智体美劳全面发展的社会主义接班人。

第四节　学校三级家长委员会的组建及有效合作

只有学校和家庭志同道合，抱着一致的信念、一致的行动，学生才能获得全面和谐的发展。家长委员会是密切家校联系的最好纽带与桥梁，学校通过建立健全家委会机制，通过家委会的合理参与学校管理，使得学校教育更加贴近学生的成长需求，赢得家长的支持，从而形成教育的合力。

著名教育家苏霍姆林斯基曾经说过："没有家庭教育的学校教育和没有学校教育的家

庭教育，都不可能完成培养人这样一个极其细微的任务。"这句话深刻地道出了家庭教育和学校教育之间相互依存的关系。只有让家庭和学校的教育理念达成共识，家长与教师的教育行为形成合力，才能构建和谐的校园环境，使学生在生命成长的过程中真真切切地体会成功的快乐和成长的喜悦，从而健康、快乐、自由、幸福地成长。

我校为进一步加强未成年人思想道德建设，畅通学校、家庭的联系渠道，协助教师、家长教育好下一代，建立科学的社会评价机制，扩大社会公众对教育的知情权、选择权、监督权、评议权和参与决策权、管理权，建立了三级家长委员会来参与学校管理，促进学生全面健康地成长。

一、问题提出——家校共育的参与和合作

国际著名心理学家皮亚杰认为，"知识不是人脑对外物的简单摹写，它要通过人与环境、人与其他人的相互作用才能获得"。这就是说，儿童的认知发展在很大程度上依赖于儿童对周围环境的操纵以及与周围环境的积极互动。

家庭是社会的细胞。而家庭是儿童最初最直接的生活和学习的环境，家庭成员对儿童具有决定性的影响。学校是儿童主要接受教育的场所，是培养人才的基地。学校通过有目的、有计划、有系统的教育，对学生的身心产生积极的影响。学校环境对学生的发展起着主导作用。苏霍姆林斯基认为：只有学校和家庭志同道合，抱着一致的信念、一致的行动，学生才能获得全面和谐的发展。那么，实现家校合作的纽带与桥梁是什么？我们认为家长委员会是密切家校联系的最好纽带与桥梁。

长期以来，我校通过开设家长学校、定期召开家长会、教师家访、群体开放日活动、设立学校网上信箱、社工帮扶等途径来加强家校联系，但在一些突发事件的具体问题解决上还存在家长与学校之间的不同意见，家长参与的正当性与具体参与的无序性构成了现阶段家长参与学校管理的主要矛盾。因此，需要创新家长参与学校管理的途径与方式并建立制度规范。当下，越来越多的人逐渐清晰地认识到学校教育是一项复杂的系统工程，学生的发展同时受到多方面因素的共同影响。学校单方面不能完全胜任在校学生的身心教育影响工作，而家长本身拥有独特的优势，因此这一教育力量的参与和合作显得尤为重要。

三级家长委员会是家长以合作者的身份，直接参与学校的教育和管理的重要途径，它是一种代表着全体家长和学生利益的常设性群众组织，也是一种家校共育的形式，目前学校正在逐步完善三级家长委员会。

二、建立完善三级家委会组织

2018年9月，北京市教委、首都精神文明建设委员会办公室、北京市妇女联合会印发

《北京市关于进一步加强中小学家庭教育指导服务工作的实施意见》，要求以健全学校家庭教育指导服务体系，提升学校家庭教育指导服务水平为目标，进一步发挥学校在家庭教育工作中的重要作用，推动形成学校组织、家长参与、社会支持的家庭教育工作格局；进一步丰富学校家庭教育指导服务形式和内容，形成适应家长和学生需求的家庭教育支持服务体系；明确指出北京全市都要建立家长学校，建校率要达到100%；中小学每学期要至少召开一次家长会；要建立完善中小学三级家长委员会体系，成立校级、年级、班级三级家长委员会。

"八一玉泉中学家长委员会"分为学校、年级和班级三级，通过自荐或推荐形式成立。建立家长参与学校管理的新机制，让家长在学校的制衡和民主机制中，充分发挥积极作用，从而推动学校教育制度的创新。班级家长委员会成员3~5名，年级家长委员会成员10~12名，学校家长委员会成员12~15名。

校级家长委员会根据实际运作需要，设立家长代表大会和常务委员会。常务委员会设主任委员1名、副主任委员2名、常务委员和委员若干名。家长代表、家长委员会委员任期一般为3年，每学年适当改选，可连选连任。毕业、转学等离校学生的家长，其家长代表、委员会委员身份自动取消。

学校成立三级家委会，以此使学校与家长取得联系，家长们有什么需求，可以通过家委会向学校有关人员反映；学校的有关工作通过家委会的协助顺利地开展。通过家委会的合理参与学校管理，使得学校的发展更加贴近家长的需求，赢得家长的信任。为把社会和家庭教育同学校教育紧密结合，对学生进行立体化、全方位的教育，形成全社会都关心学生健康成长的良好风气，为学生创造良好的学习环境，学校在原有家委会建立的基础上，依据上级文件精神，从上学期开始，由德育处组织建立完善三级家长委员会。在全面调研、征求意见、座谈的基础上，准备这学期逐一开展以下工作的推进落实。

（一）学校确立三级家长委员会主任的职责

（1）三级家长委员会主任定期组织会议，如实向委员通报学校、年级、班级工作运行情况及学生在校表现情况，以多种形式听取、采集家长对学校工作的意见和建议，并及时向学校反馈信息。

（2）三级家长委员会主任对家长和学生普遍关心的问题，如教育收费、教师安排、学校发展现状及前景、国家和学校重大政策变革等情况及时向三级家长委员会解析说明，以取得三级家长委员会的理解和支持。

（3）定期邀请三级家长委员会成员来校听课、参加活动。

（4）学校三级家长委员会集中活动每学期两次，各年级、班级三级家长委员会集中活动不得少于两次。

（二）确立三级家委会委员的权利和义务

（1）参加本会活动、领取有关资料的优先权、优惠权。对学校工作的批评建议权和监督权。自由退会的权利。

（2）义务：执行本会的决议，按时参加本会组织的活动。向广大家长传递学校信息，积极为学校做工作，坦诚地向学校反映家长的意见和建议。

（三）确立家委员会成员的资格要求

（1）拥护本会的章程。

（2）愿意参加本会的活动。

（3）有一定的文化修养和社会影响力。

三级家委员会是一种以协助学校教育工作为主要对象的群众组织，通过家校合作，充分利用校内外的资源和条件，整体优化学校教育工作，有效实现家校共育。

三、三级家长委员会参与学校管理的形式

新学期开学初，召开家委会，了解学校和相关年级的工作计划，参与学校对重大问题的决策，提出合理化建议。

定期与校领导或班主任、任课老师联系，了解学生在校的表现和学习情况。采取对应措施协同家长和学校对学生进行思想教育和学习文化课自觉性的教育。

各委员加强与学生家长的联系，经常征求家长、学生对学校或教师的意见及要求，并及时反馈给学校或教师，参与教师的考评，在沟通家长和教师的思想、消除误解等方面，充分发挥桥梁作用。

对于个别有严重问题的学生在帮扶中及时通知家长，以便家长配合学校共同做好学生的教育工作；协同班主任做好后进生的控制和转化工作。

家长委员会在和学校联系后可组织听课，协同学校搞好教学改革。

定期召开学生大会，配合学校对学生进行形势教育、安全教育、法制教育、人口教育、国防教育等专题教育，提高形势的全面素质。

号召家长利用其所在部门的有利条件，全力支持学校工作，关心师生生活，帮助学校改善办学条件。

定期召开家长大会，进行家长教育子女经验交流。

四、如何有效促进三级家长委员会参与现代学校管理

（一）学校要转变角色观念，加强与三级家长委员会的合作

理念是行动的先导，先进的理念能够极大促进行动的开展，落后的理念则会对行动的进行产生巨大的阻碍作用。为保证家校合作的顺利推行，学校就要转变角色观念，以一种积极的态度推动相关活动的进行，使家校合作的价值得以全面体现。

首先，学校对自身在家校合作中的角色要有正确定位。家校合作是学校与三级家长委员会进行平等、双向交流的平台，在家校合作中，学校起主导作用而非领导作用，充当的是服务角色而非其他。

其次，学校应充分发挥其服务角色的功能，尽可能地激发三级家长委员会参与的热情，深挖三级家长委员会教育资源的潜力，本着以学生为本的办学理念，努力加强与三级家长委员会的合作。

（二）加强教师新入职和职后培训，提高其与三级家长委员会合作的能力

学校与三级家长委员会的有效合作需要教师具备较高的家校合作能力，教师与三级家长委员会能够进行良好的沟通是教师专业形象的标志之一。学校提高教师与三级家长委员会合作的能力从入职上岗培训及职后学习实践两个方面入手。

首先，对于刚走上工作岗位的新教师来讲，强化其家校合作意识非常重要。在课程设置中不仅要对家校合作的理论加以探讨，而且应具有相关技能培训的内容，使理论和实践相结合，以更好地促进教师职前家校合作能力的提高。我们选派有经验的教师开展一对一师徒结对传帮带。

其次，加强教师入职后的家校合作能力培训。在具体的实践工作中，家校合作会出现许多新问题，教师应及时加强自身的理论修养和相关技能，以适应家校合作的发展，为促进家校合作工作的顺利开展起到一定的推动作用。

五、学校将逐步开办三级家长委员会学校，提高三级家长委员会的教育知识和技能

为使三级家长委员会教育资源得到充分的开发和利用，作为学校的合作伙伴，三级家长委员会应当具备相应的知识和技能。

为此学校将逐步开办三级家长委员会学校。开办三级家长委员会学校，首先，要有明确的目标，即把三级家长委员会培养成为孩子合格的家庭教师以及作为学校教育的参与者

所需具备的知识和技能。其次，三级家长委员会学校应有相应的教材和课程设置。组织有关专家编写关于三级家长委员会教育的教材，使三级家长委员会学校的授课内容更具针对性，教育效果更具实效性，从而有利于促进三级家长委员会学校目标的实现。最后，三级家长委员会学校要具有明确的规章制度和执行细则。三级家长委员会学校由专人负责，严格按照规章制度执行三级家长委员会学校的各项工作，使三级家长委员会学校有章可依，保证三级家长委员会学校的顺利开展。

现代学校制度要求学校成为一个科学管理、自主运行、自我约束、自我监督的法人实体，要求学校在依法自主办学的前提下实施民主管理和开放办学。因此，三级家长委员会的建立，使其参与到学校管理中并在参与中实现过程性监督，对促进学校组织内部的科学运行和民主管理，为学校可持续发展将起到积极推动的作用。

第五节　学生逃课时如何与学生沟通

事例描述：

权老师提问陶同学，却发现他没在座位上。通过询问其他学生，原来陶同学逃课了。

权老师心平气和地问："建新，你为什么没上语文课，是不喜欢语文课吗？还是有其他原因？"

陶同学小声嘀咕："即使我上课，我也听不懂。还不如玩会儿。"

"你觉得你这节课玩得痛快吗，你快乐吗？"权老师问。

"不痛快，也不快乐。因为我担心老师会批评我。"陶同学回答。

权老师："玩也没玩痛快，课也没上好，还落了个逃课的名声，你觉得划算吗？"

"我也不想逃课，但我听不懂怎么办？"陶同学满脸疑惑。

"我可以利用课余时间给你补课呀！你不笨，基础也还可以，只要咱俩一起努力，你肯定能学会呀！"权老师诚恳地说。

"我现在开始努力还来得及吗？"陶同学似乎看到了希望。

"当然，只要努力，就来得及。我原来有个学生，快到初三了，突然醒悟了开始努力，最后中考时考得不错呢！"

"啊！"……

"那我以后再也不逃课了。"

陶同学和权老师都笑了。

学生逃课了，老师应该怎么和他沟通？

在与孩子平等沟通的基础上，从"一问、二析、三树、四固"着手，站在学生的角度，和孩子一起分析逃课的利弊，动之以情，晓之以理，让学生真正明白此举动的危害，最终确定逃课对孩子有百害而无一利，从而发自内心的决定改正。

一问：询问原因

在一个没有其他孩子和老师在场的空间，与孩子进行单独交流，交流必须是在尊重的基础上，让孩子和老师并排坐下，用聊天的口吻和孩子说话。

询问1：你为什么不愿上语文课而选择逃课？询问2：是语文课不吸引你吗？询问3：是你听不懂吗？询问4：是其他孩子硬拉你一起逃课吗？询问5：是你不喜欢语文老师吗？

二析：分析利弊

通过分析利弊，让孩子心服口服，认识到自己的错误以及会对自己和班级造成什么样的影响。争取和孩子的聊天在同一个频道上，让孩子觉得老师确实是站在自己的立场上，为自己着想。这样孩子才能向我们敞开心扉。

1. 逃课可以暂时休息一会儿。

2. 如果是有同学拉你一起，逃课可以让你获得同学的友情。

3. 因为逃课你会失去学习的机会。

4. 你会受到老师和家长的批评。

5. 你会给老师和同学留下不好的印象，大家会不信任你，会轻视你，会把你定位为坏学生。

6. 用这种方式获得的友情不是真正的友情，这样的友情，也不会长久。

7. 你会养成不好的习惯，一遇到什么情况就不想上课，甚至不想上学。

8. 你会给班级和年级抹黑。

你觉得利多还是弊多？如果让你再选择逃与不逃课，你会选择什么？

三树：树立信心

这样的孩子往往学习态度不够端正，基础不好，在学习上缺乏自信，成绩不好。

1. 告诉孩子你不笨，具备学好语文的能力。

2. 如果是跟不上老师讲课的内容，老师会帮你补课，只要你认真和老师学习，你会学好这一科目的。

3. 以前也有和你类似的孩子，通过自己的努力，最终在中考时取得让自己、家长和老师满意的成绩。

4. 一次逃课不算什么，老师不会用老眼光看待你，关键是你以后的表现。

四固：巩固成果

此次沟通看似已经解决了问题，但真正想要解决孩子逃课的问题，还要继续巩固，不断固化成果，否则极易反复。

1. 上课多关注孩子，发现他有学习上的问题，及时帮助他。比如发现孩子走神了，马上用眼神示意他回归课堂，而不是直接点名批评。当发现他有不会的问题，走到他身边帮助他解决。孩子会认为老师是真的关心他，他心里会有感觉的。正所谓亲其师信其道，孩子信服老师了，自然愿意听从老师的。

2. 当孩子表现好时，及时鼓励，在班里表扬他具体在哪方面做得好，表扬要切实际，切勿戴高帽，不切实际地表扬。而且通过在班里表扬他，树立起在班里的威信。

3. 让孩子在语文学科方面做些力所能及的事，委以"重任"使其树立责任心。比如可以让他在班里担任小课代表，让他在自己力所能及的方面承担一定的任务。一方面督促他能够严格要求自己，同时也让他学会监督别人，从而树立一定的责任意识，在同学中树立威信。

4. 与家长沟通分享孩子进步表现。可以通过微信群表扬孩子在语文课上的表现，一方面孩子的家长可以看到，家长内心高兴了，对孩子的态度必然会有所改变，不会再一味地去指责孩子，而看不到他的优点，家庭教育环境会有所改变，孩子因此会有满足感，建立信心。同时，其他家长也会通过微信群看到这个孩子的变化，会在其他孩子面前提到，这样也就进一步提升了这个孩子在其他孩子面前的形象。

其中第三点"树立信心"对于学生来说特别难，因为冰冻三尺，非一日之寒，学生学习基础薄弱，行为习惯比较差，长期以来备受冷落，缺乏自信。要想重新树立起信心，必定要经历一番周折，需要老师有足够的耐心和细心。

第六节　学生打架时如何与家长沟通

在与学生在校园内外因为各种原因发生打架斗殴的情况下，教师从"引导学生反思、帮助学生分析、及时联系家长、和家长有效沟通、达成共识"五个方面入手，在一天之内有效地解决了校园内外学生因各种小事引起的冲突，提高了保护自身安全的认识。

一、反思：学生务必反思

学生犯了错误，必须先反思，让学生先认识到自己犯的错误，明确这个错误发生的前因后果，以及这个错误对自己和其他人产生的严重后果，不能只反思一两分钟，必要的话，需要让学生把事情的前因后果等一一回忆，写出来，然后再写下自己对事件的认识。

整个过程，一般不会少于 20 分钟。

二、分析：师生务必分析

针对学生犯的错误，老师必须和学生共同分析，学生的认识毕竟有局限性，在老师的引导下，能够更充分地认识到自己的错误。在分析的时候，老师不应该是一个审问者的角色，而是做一个分析问题的帮手，做一个引导者，从内心表达出想帮助孩子改正错误的意愿，让孩子也认为老师在帮助自己，而不是在审问他，也就是说，老师要说到孩子的心里去。

三、联系：家长务必联系

学生在校的表现，家长有必要的知情权，一旦发生重要的错误，无论家长是否方便，是否有时间，必须联系家长让家长知道孩子在学校发生的事情，如果家长不知道孩子的在校表现，就更谈不上针对性的教育。再就是与家长进行联系的时候，首先让孩子去联系家长，让孩子说服家长一定要跟老师交流。如果孩子不乐意说，或者说不通，那就应该立即转换思路，直接跟家长进行交流。

四、沟通：家校务必沟通

学生犯了错误，联系到家长以后，一定做好与家长的沟通，而不是一味地跟家长告状，情况要分析，现象要说明，而且要站在孩子的角度分析孩子的问题，分析孩子的心理，然后试图跟家长达成一定的共识。再就是，在沟通的时候，并不要只说孩子的问题，适当地找到孩子的一些闪光点，好的地方跟家长说下，如果一味地告状式的陈述，很容易让家长产生反感，在陈述孩子的错误、缺点的时候，态度要诚恳，一切从帮助孩子的角度出发，就容易与家长进行交流。在跟家长进行交流的时候，如果有单独的空间，尽量用单独的空间。如果没有单独的空间，或者暂时不适合当面交流，那就应该把事情尽量跟家长说明白。

五、共识：共识务必达成

进行必要的沟通与交流以后，在老师与孩子之间，老师与家长之间，孩子与家长之间，都要达成一件事的共识，或者类似协议一样的东西，要形成一定的约束力，约束孩子以后不能再犯同样的错误，一旦再犯，会有严厉的惩罚措施，而且这个措施，家长、孩子老师三方都能遵守、同意才行。

六、解决：当日务必解决

事情一旦过后解决，就失去了当时的情景，各种话语、理解都会下降一个档次，所以，当日的问题，无论有多大的困难，多大的阻力，必须当日解决。如果遇到比较棘手的问题，可以先与家长、同事、领导等进行交流，以求达到更好的解决效果，能够让问题解决得更加完美。

我们在分享了此经验之后，其中家校沟通这一步最为重要，我们应该特别注意。本经验在家长比较能够认同您的观点，接受您的建议的时候，比较适用，可以参考，但是如果家长不认同您的观点，认为孩子的做法很正确，您不应该批评他的孩子，无法接受您的处理意见的时候，不适用，请另外加强与家长的沟通，以期获得更好的效果。

第三章 化解矛盾解决学生苦恼

人的生命是一个不能回头的单程旅途，旅途上充满了酸甜苦辣、喜怒哀乐。而处于青春期的初中生，他们有着各种各样的苦恼：学习负担重，学习成绩下降，遭到同学、老师、家长的冷眼和训斥；对异性产生了朦胧的爱，不能自拔，或者男女同学之间的正常交往常常被误解，流言蜚语多；学习成绩不理想，人际关系淡漠，大多数同学形同陌路；父母间不注意沟通方式，经常为琐事而争吵……如何帮助学生化解生活和学习中的矛盾、解决学生的苦恼问题，体现了教育工作者的智慧。

第一节 走出青春迷惑绽放花季的笑颜

学生晓丽具有轻度自残症，通过多方了解调查，发现孩子的家庭成长环境及小学高年级的班级不良氛围即学校负有不可推卸的责任。在明确病因后，我通过与家长的沟通，除了共同制定改善家庭教育建议并协助家长实行外，又通过构建良好的初中班级氛围，以家校协同教育的方式最终成功解决了晓丽的心理问题。

一、案例背景

长久以来，社会重视学历文凭，致使教师只重视认知教育，父母只关心儿童的智能发展与学业成就，往往忽略儿童情感教育管理与培养。然而情感会影响认知学习与行为表现，当教师与父母发现儿童有低成就现象或极端行为问题时，才会注意到情感问题，等到这个时候再来做补救性的治疗，则会显得被动、消极，而且费时又费力。因此，如何通过早期与正确的方式对儿童的情感教育进行管理和培养就显得格外重要。我认为，将家庭与学校教育进行有效结合，协同培育学生的情感发展是行之有效的措施之一。家校挽手合作，可以最大化地实现疏导学生情绪、教会学生做情绪的主人，并培养学生责任意识与自我实现的正向态度。

二、案例描述

晓丽是一个乖巧的女孩，平时在班里话不多，大多数时候都安静地坐在座位上默默地关注着其他同学，偶尔也会随着同学们的玩笑笑上几声。我对这个女孩的印象非常好，她不仅文静恬淡，而且还有一颗宽容豁达的心，从不与他人发生矛盾，并且当别人有困难时，晓丽非常乐意伸出援手。如果要找一找她身上的不足点的话，晓丽在学习上似乎不太感冒，平时课上听讲总会思想溜号，家庭作业完成的质量也亟待改善，因此她的学习成绩不太尽如人意。

一天下午，我接到了政治老师的电话。电话中王老师用急切的声音告诉我，晓丽在政治课上突然号啕大哭了起来。事情原委是这样的：政治课上王老师给学生们布置了一道讨论题，题目是"夸夸我自己"。很多学生都积极发言，与同学们分享了很多自己身上的闪光点。正当讨论环节即将结束时，晓丽却突然站了起来，未经王老师允许就自言自语般告诉大家她对这个题目的看法。晓丽觉得自己身上没什么闪光，学习成绩不好，有好几门功课不及格，因此她的爸爸妈妈总是逼迫她用功学习，可她却极为反感，很讨厌家长的这种做法。此外，晓丽还觉得自己长得不好看，从小学起到现在上初中，班里没有一个男同学欣赏她，愿意和她说话、做朋友……晓丽用略带哭腔的声音自顾自地念叨着自己的缺点，当说到自己长相丑、没有男同学欣赏她时，终于泣不成声，哭了起来。她的一连串异常行为，让王老师和全班同学吃惊不已，霎时间全班除了晓丽的哭声外安静得连地上掉根针都能听得见。课下，几名女生凑到了王老师身旁，悄声告诉他，原来晓丽不开心已经有一段时间了，而且她们还在体育训练住在一起时发现她用小刻刀一下下划自己的手腕，甚至在深夜上厕所时发现晓丽独自一人静坐在不开灯的楼梯口发呆。听到这些后，王老师第一时间打通了我的电话，告诉了我他所了解到的所有一切关于晓丽异常行为的情况。

三、案例分析

晓丽的极端略带有轻度自残症状的行为让我高度紧张。我立即向年级主任权老师汇报了此事。权老师十分重视，一边让我立即与晓丽的家长取得联系，沟通了解一下孩子在家的生活情况，一边又立刻奔去了负责晓丽训练的吕老师那了解更多关于她训练期间的表现。随后，通过我与晓丽妈妈长达一个多小时的电话沟通，我渐渐捋清了孩子产生现在这种表现背后的因素。

（一）家庭因素

其父望子成龙心切，对晓丽要求过严，一有错误或成绩不如意，就言语贬低，常是动辄打骂。其母没有文化，又忙于生计，忽略了孩子心理上的变化。晓丽不能得到温暖的父爱和母爱，所以没有从父母那里得到正确的评价。家长平时言语随便，不在意影响，加上错误的家教策略和"代沟"，使得生活中的某些方面对晓丽的心理健康影响很大。

（二）心理因素

孩子年龄小的时候，因父亲教育方法不当，使得晓丽产生了恐惧感；又因母亲冷漠的成长陪伴，使得她缺乏安全感；再加上上幼儿园和小学时部分老师过于严厉的批评及同学们投来不理解的目光，使她表现为做事严重缺乏自信心，最终造成了她怯弱、自卑甚至逃避现实的负面心理。

（三）学校、社会因素

由于没有得到及时而恰当的心理调适，晓丽的心理在小学高年级时就开始出现了一些问题。升入高年级时，晓丽周围所熟悉的环境又发生了一定的变化。当时班级的部分同学自我意识强、好表现、很自尊，但心里想得更多的是自己，不懂得考虑他人的感受，更没有学会如何去关爱他人。晓丽因遭到当时同学的嘲笑、冷落而形成自卑心理。在当时的一群同龄人中，她的孤独感更强烈了，心里越发觉得这世界存在巨大压力，而小学老师也没有及时发现并关注她，错过了早期心理辅导的时机。

综上所述，晓丽的性格越来越消沉，心理埋藏的问题也越积越多，最终在上初中后她选择了极端的方式来发泄心中的压力与苦恼。

四、案例措施

（一）家校携手，正确教育

在现代社会里，家长必须依靠学校让孩子接受系统的知识学习，在这一点上，家长无法取代学校教育。另外，学校只能承担起教育孩子的一部分，家长如果把教育责任全推给老师，是一种失职。尤其是品德教育、习惯养成、性格培养等重要教育任务，更需要家长与教师的合作，才能完成。于是，在与晓丽妈妈初次电话长谈沟通后，我又及时约见了晓丽的父母，告知孩子"自残"事件持续发展后果的严重性：如果我们不帮助晓丽，让她的这种性格任其发展，也许某一天她真的会情绪失控割腕或跳楼，带给我们无限的悲伤与懊悔。在清楚了孩子现在心理问题的严重性后，晓丽的父母显得格外担心，眼神中透露出渴求帮助的急切愿望。看到这，我感觉促成家校合作的时机到了，告诉晓丽父母，造成孩子现在心理状况的重要原因之一就是来自家庭环境和家长的错误教育行为。若要彻底帮助孩子，身为父母必须有决心和耐心首先改变自己，这是一切的前提。为人父母，爱子心切，晓丽的父母非常赞同我的建议，郑重向我承诺一定会改变自己以前错误的教育方式。孩子的爸爸遇到事情要先控制自己的暴躁情绪，学会冷静，要慢慢懂得如何耐心地与孩子交流学习上的困难，以帮助者的姿态给予孩子学习上的帮助，而不再是处罚者的身份简单粗暴地解决问题；孩子的妈妈一定要从工作中抽出时间来陪伴晓丽，母女俩一起聊聊天，谈谈心，当晓丽遇到生活上、人际交往上的困惑时，妈妈要懂得宽慰、鼓励孩子，帮助孩子树立自信心。在这次见面后，我和晓丽的父母还建立了长期联系，时刻交流孩子在家、在校的情况，及时给予孩子必要的帮助，让孩子一点点体会到周围人对她的关心。

（二）学校多方关切，群力教育

除了我与晓丽父母的几次单独会面外，在年级主任权老师的建议下，我还约请了学校心理专业贺老师和晓丽的训练指导吕老师及权老师本人，与晓丽的父母见了一次面。本次多人参与的会面，主要是想让贺老师从心理学的角度给晓丽的父母和我本人提出更专业化的改善晓丽心理问题的建议，从而用更科学的方法帮助孩子；此外，也想让陪伴孩子时间第二多的训练指导吕老师和晓丽的父母进行深刻交流，通过沟通双方能够更全面地了解孩子，弥补自己原先认知上的不足；最后，由年级主任权老师召开并主持的这次教师家长会，将帮助晓丽的事情提升到了校级高度，这已不再是父母和班主任两方面的问题，而是年级、校级共同寻求解决的问题，既体现了学校的高度重视与人文关怀，又能在潜意识里强化晓丽父母的重视程度，助力他们纠正自己与孩子沟通时的错误行为。

（三）营造班级良好氛围，寻求同伴教育

鉴于晓丽小学高年级时所在班级里的不良班风导向对她心理上造成的严重伤害，我格外重视现在班级正确班风的养成与建立。例如，我会通过班级活动的开展增强班级凝聚力，让每名同学都有班级归属感；我还举办了一个主题班会，题目是"夸夸他和她"（不再是夸自己），引导学生要学会观察与发现他人身上的闪光点，给自己树立学习的榜样。我仍清楚地记得，当时班里有好多同学都夸赞了晓丽，都想学习她身上的宽容、大度与乐于助人，而我也偷偷注意到了晓丽嘴角浅浅的笑意；最后，我还叮嘱平时和晓丽关系较好的几名同学多主动关心帮助她、开导她，课间活动、上操吃饭以及放学回家时多陪伴晓丽，让她不再感到孤独寂寞。总而言之，我希望现在新集体里的同学们能够向晓丽伸出关爱之手，帮助她走出心理的沼泽，毕竟来自同龄人的激励与鼓舞更能打动她，从而更加有效地调动她各方面的积极性与主动性，唤醒她沉睡的心。

五、措施效果与反思

经过以我、年级主任、心理老师和训练老师为代表的学校帮助及孩子父母在家对之前错误教育孩子方式的积极调整，经过近一学年的心理疏导，晓丽的心理状况一点点在好

转。我们能越来越多地在她的脸上见到笑颜，也能越来越多地听到她爽朗的笑声。花季的少女爱笑了，青春的迷惑解开了，真的！

每个孩子都有各自的特点，我们老师除了要教书育人，还要扮演好"心理医生"的角色，这是对学生终身发展高度负责的态度体现，我们责无旁贷。但正如案例中晓丽的情况一样，学生健全人格与心理的塑造，仅靠学校教育远远不够。只有我们做到将学校与家庭教育进行有效的科学结合，携手与协同，才能在真正意义上实现学生的心理教育，满足其心理需求，使他们有理想、有抱负，增强承受各种心理压力的抗性和懂得如何处理各种心理危机，从而迎接未来社会的严峻挑战。

第二节　用顶好的方法解决学生顶嘴的问题

2016 年 11 月 25 日，初一（2）班，权老师的语文课。陶健明同学悄悄拿出手机，在那里操作。

"来，拿出来吧"权老师走到他跟前威严地说。

"什么啊？"陶健明明知故问，装作没事人一样。

"你说什么啊？"

"你说的什么是什么啊？"

"你刚刚玩的东西啊。"

"什么也没玩啊。"

"我明明看到你玩手机了啊。"

"我就没玩，你怎么老找我的碴儿。你怎么老看我不顺眼。你怎么不管别人。"

面对这样的顶嘴的学生，如何解决这种问题呢？

当课堂中存在学生违反课堂秩序，还顶嘴的情况下，教师可以从"冷、写、找、现、提"等五个方面入手，跟学生高效沟通，达到教育学生的目的。

一、冷：妥协冷处理

学生干扰课堂，并与老师在课堂上发生冲突，肯定是学生违纪在先，教师要提醒和处理，这时，学生的冲动和不服从管理，会给整个课堂带来危害，那就是影响正常的讲课进度，影响全班。这时如果学生不服从，不妨老师先妥协，退一步，折中的办法就是，为自己找好台阶。我经常说的话就是："课大于天，我们不能因为一个人影响整个课堂，你先冷静下来，你的问题我们课下处理。"让学生先上课，并强调"后果自负"，以大局为重，继续讲课。

二、写：认真写过程

课下处理时，学生可能仍然有冲动情绪的余波，这时，要缓和学生的情绪，比较有效的措施就是，拉着学生的手说："我的儿，你平时不是挺懂事的吗，为什么今天要干扰课堂不服从管理，来把这个事情写一写。"采取让学生把过程写下来的措施，让他按照这样的要点来写：事情的起因、经过、他的感想、他的认识、他的委屈。这样，学生就会在写的过程中，找到各方面的原因，将他的主要精力投入写中，也会释放怒气，宣泄情绪，进而，学生会由感性到理性地分析问题，找到自己的问题所在。这就为解决问题打下了基础。

三、找：找到己因果

学生写完后，让学生找到自己的原因，可以分为五到十条，并且引导学生，让学生分析，在哪个步骤，如果采取什么做法会更好，会避免这种冲突，会更智慧地处理问题。这是引导学生自己内省的一个很好的方法。学生认识到自己的问题之后，才能避免犯类似的错误。并且指出这样做会导致什么严重的后果，如综合素质评价的影响，在同学中的印象等。让学生深刻认识到干扰课堂的危害，和对自己的切实不良的影响，对学生有触动。

四、现：发现闪光点

这时，揉的过程，就尤为重要。学生毕竟是孩子，除了批评和帮助学生改正错误之外，其实，更重要的是让学生发现自己，找到自己的闪光点，教师帮助学生发现闪光点的过程，其实是对学生关注的过程，让孩子感受到他做的每一件事，你心里都有一笔账，而不只关注他的缺点和错误。这时放大他的优点和闪光点或特长，比如"做板报时，主动留下来帮忙到很晚"，这都是热爱集体的表现，说明班级在他心里。那么，上课时干扰课堂，影响全班的听课，这是热爱班级的表现吗？通过对比，让学生分析自己的行为，哪些是自己的闪光点，就会拉近你和学生之间的距离，赢得学生的信任。有助于学生在改正错误的同时，也提高他对自己的全面的看法，向着更好的方向发展。这就像苏霍姆林斯基说的那样，"接触孩子的心灵世界是一门小心翼翼的艺术，就如同接触含苞待放的玫瑰花瓣上的晶莹露珠一样，需要世界上最细致的工匠"。这是教师应该做的，也是作为一名好教师能做到的。魏书生曾经说过，教师应该具备进入学生心灵世界的本领，不是站在这个世界对面发牢骚、叹息，而应该在这心灵中耕耘、播种、收获。

五、提：找到提升点

学生有了向善、向上的想法，但是，有时苦于找不到具体的提升点。这时，可以让他和学霸进行比较，列出十条左右比较，如在学习方面、纪律方面、听课方面、礼貌方面、助人方面等，学生通过自己的总结，就会明白，他和优秀学生的差距，这样，就会形成以学霸或优等生为榜样，明白他们之间的差距，并且会在上述方面有深刻的认识。老师再帮助他制订一个提升某一方面的具体计划，并做监督。老师提出在某方面对他的期望，学生就会向着这种期望值靠拢。

其中第三步尤为重要——找到己因果，那就是让学生找到自己的原因，明白这样做会导致的严重后果，让学生从错误中学到道理，明白怎样更智慧地解决问题。在做这一步时一定要建立在第二步充分写出事件的过程和细节的基础上，而且，需要教师的因势利导的教育智慧。

中国现代教育家陶行知说过："你的教鞭下有瓦特，你的冷眼里有牛顿，你的讥笑中有爱迪生。"所以，面对课堂上师生间的各种矛盾冲突，尤其是顶嘴、干扰课堂、不服从管理的现象，不能采取简单粗暴、强行压制的方法，而应正视矛盾，弄清矛盾的起因；控制自己的情绪，真诚地表达自己的意见与感受，并认真倾听学生的看法，求同存异，逐步化解矛盾；坚持正面说服，耐心教育，弃异趋同。总之，要动之以情，以情感人；晓之以理，以理服人；解之以法，讲究策略。这样才能更好地完成教学和教育任务，培养出德才兼备的学生。

第三节　后退一步化解同学矛盾

学校组织体育节，我们班和四班打淘汰赛，我们班以 4∶3 战胜四班，四班球队队长陶健明把我们班记分员董靓文打了。

"不行，我们要求加时！"陶健明急赤白脸，看完记分牌向裁判大声嚷嚷道。

"给你们加一小时，看你们赢得了我们班不！哼！"担任记分的董靓文不屑地白了陶健明一眼。

"你再说一遍试试！"陶健明涨红了脸，双拳紧握，往董靓文跟前冲。

"好了好了，走了走了走了。"旁边同学急忙劝阻。

"啪！"大家以为没事了，稍不留神陶健明甩了并未防备的董靓文响亮的一记耳光。

"啪！"，正当大家傻眼时，董靓文一脚向陶健明的肚子踢去。

操场上顿时扭作一团，两个班的男同学胆大的大多对打起来，胆小的傻站着。女生在旁边有的哭，有的拉架，还有的在激烈撕扯、对骂。

打球是为了磨炼意志增进友谊，最后却变成了打人泄愤。同学矛盾一定要"勇"者胜吗？

在同学发生较大较尖锐矛盾时，从"带离、归因、沟通、谅解、友谊"等五个方面入手，有效化解武力冲突，降低校园恶性事件发生率，增进同学间友谊，提升同学间人际关系。

1. 带离：带离迅速化。同学打架，情绪激动，围观的同学会起哄，打架的孩子会因为面子而更加卖力，这样会造成更大的伤害以及对旁观者产生负面教材的影响。可能以后还会有人效仿。班主任迅速将他们带到独立的谈话室去冷静。

2. 归因：归因客观化。打架双方都有充分的理由认为自己对，对方伤害了自己。所以让双方单独书写事件的整个过程有助于平复情绪，冷静思考，客观认知。让每一方从自身找原因，而不是一味指责才能从客观角度平息事件，找到事情解决的突破口。如果只找对方原因，只能搅成一团，公说公有理，婆说婆有理，解决起来更棘手。所以归因时只找自己原因，不涉及对方，这是前提。班主任在阅读了书面材料后，对事件有了大致的了解，并对于谁是谁非有了判断。但是这个时候还要给时间让双方口述一遍，再分别沟通。

3. 沟通：沟通诚恳化。让双方分别陈述事情的经过后，班主任分别谈话。首先，班主任要对个体进行优点赞美和肯定，尽量找一些具体事例来赞美，让学生知道老师很认可自己。把学生拉到自己身边来，才愿意和自己谈，真心和自己谈，消除距离感。对陈述者的话进行核心意思重复，不是说教，而是让对方思辨，在自圆其说与问题引领中让每个人看到自身存在的问题，从而找到每个人的问题所在。

4. 谅解：谅解高度化。找到原因后，可以让双方再提出诉求：你想让对方做出什么补偿。道歉、损坏物件担责赔偿，电话告知对方父母，请求对方父母的谅解。以及不再后续追责报复等，并当场握手言和或拥抱道歉。

5. 友谊：友谊长久化。俗话说不打不成交。谅解达成后，可以当场让他们去说出对方的优点，越多越好，越细致越好，并上升到后续人格魅力的养成以及对自身发展的好处，自然而然地促成友谊的发生。并让他们选择为班级做好事的方式，让他们在同学们面前展示友谊，展示谅解的魅力，让同学们以后遇事要冷静，与人为善。必要时可以开主题班会，让全班同学来讨论，认知和建立和谐班集体。

大家要注意，其中第三步"沟通要诚恳"最重要。在与孩子们沟通时，最忌讳假大空的表扬。要把表扬落到实处，在情感上与孩子产生共鸣；也要注意不要让孩子强词夺理，推脱自己应负的责任，而反复强调别人对自己的伤害而推脱责任，使调节纠缠不清。

第四节　化解家长望子成龙的心结

高一时候班里的一个女生班长，期中考试数学成绩不太理想，我给他爸爸打电话沟通此事。

"芊芊爸爸您好，我是孩子的班主任老师。"权老师很客气地说。

家长回答："权老师，您好。"

权老师接着说："期中考试结束了，我想就孩子的考试成绩和您交换一下意见。"

家长："这个笨蛋，我就知道一上高中她就完了，老师您看看，数学考那几分……"

权老师："芊芊爸爸，您先别着急，听我跟您细说。"

家长："老师，您不说我也知道，这家伙自打上高中，心思就没放在学习上……"

权老师："芊芊爸爸，孩子还是很努力的……"

家长："拉倒吧，老师，我们家孩子我知道，上初中的时候一直是我管，天天的就知道想方设法地玩儿。"

还没有听到老师的意见与建议，家长就开始数落起自己孩子的种种不是了。对于这种对孩子要求过高，又看不到孩子的努力与进步的家长，我们该怎么与其沟通呢？

在家长一味地对孩子提出各种不合理的要求的情况下，老师可以从"肯定家长付出、看到孩子努力、发现孩子优点、承认彼此差距、寻求解决办法"这五个方面着手，以此达到有效沟通的目的。

（一）肯定：家长付出

其实家长之所以会着急，会破口大骂，会对孩子提各种不合理要求最主要的原因就是认为自己对孩子付出了这么多，怎么孩子仍然这么差啊？既然这样，首先老师就先肯定家长的付出，让家长明白：我给您打电话的目的不是指责您，我很了解您对孩子的付出，也知道您全家对孩子的期望都很高。

（二）看到：孩子努力

一般情况下家长只关注结果，不重视过程。案例中的家长一看到孩子数学成绩不好，马上就激动了，其实她家孩子在学习上整体还是比较上心的。这时候一定要给家长呈现孩子在校学习情况，尤其是好的一面，比如作业质量高，课堂听讲认真等。帮助家长看到孩子的努力，家长对孩子的成绩就会看淡一些了。

（三）发现：孩子优点

告诉家长，你孩子在人际关系的处理上还是很好的。她有很不错的朋友群体，班里的女生都很喜欢她，外出分组，她是班里最抢手的。班里每个同学都很喜欢她，投票选班长，她是票数最高的。告诉家长，你孩子与老师的关系也很好，老师也喜欢她。举出具体事例告诉家长，你家孩子有很强的组织能力，班级组织大型活动基本都是她在帮助老师组织。告诉家长，你孩子作为班长，有着很强的班级管理能力，老师布置的任务总能出色地完成，在老师不在的时候也可以管理好班级，不管是男生还是女生大都很信服她。

拿到孩子的成绩单，让家长不要只盯着孩子的一科成绩，让家长看看孩子其他科的成绩尤其是优势科目，帮助家长看到孩子在学习成绩上的优势科目，使家长明白，你孩子不是一无是处，还是有很多优点的。

（四）承认：彼此差距

在肯定了孩子的优点之后，家长的心态基本平衡了，这时候再告诉家长：您看，您的孩子有那么多优点呢，您能让她一点缺点都没有吗？一个人怎么可能没有缺点呢？哪有十全十美的人啊？然后再告诉家长，您孩子可能是在数学的学习方式上存在问题，这是我们下一步需要解决的。

（五）寻求：解决办法

在前面顺利进行的前提下，这一步就很容易操作了，针对孩子的具体问题与家长进行沟通，一同探讨具体提升数学学习成绩的方法。这样，我们的目的就顺利达到了。

其中第四步承认彼此差距，特别不好掌握。一般情况下家长都想把自己的孩子培养成人中龙凤，却不理解人和人之间是有差距的。我们在前期工作进行比较顺利，家长能够认同前文观点的情况下可以继续实施这一步骤。

第五节　知行合一铺平家校合作之路

"知行合一"思想由明朝嘉靖年间的王守仁提出，他是历史上最伟大的哲学家、思想家、政治家、军事家。"知行合一"的意思就是一个理论和实践的问题。有人认为"知易行难"，懂得理论是容易的，实践是很难的；有人认为"知难行易"，领悟道理很难，实践很容易。王守仁却认为：懂得道理是重要的，但实际运用也是重要的！要想实现崇高伟大的志向，必须有符合实际、脚踏实地的方法。

家庭教育和学校教育是在影响孩子成长的各种因素中，两个最重要的环节，整合家庭教育和学校教育，形成教育合力，对孩子的健康发展非常必要。家校的合作既需要理论的指导，也需要实践，在探究家校合作教育的有效途径时需要做到知行合一。

一、知是行的出发点

创建家校合作教育模式过程中，两者的教育观念和教育行为能够保持一致是十分必要的。如何实现学校教育和家庭教育的一致性？学校教育与家庭教育的宗旨、目标是统一的。在完全失去家庭协助的情况下，学校要教育好一个学生，使其形成良好的学习和生活习惯是非常困难的。家庭教育是教育工作的重要组成部分，家庭是孩子的第一所学校，父母是孩子的第一任老师。有人说，父母是唯一不需要培训就可以上岗的重要角色。正是因为没有经过培训，所以所有人都需要不断地学习，不断地在实践中摸索如何做一个称职的父母。

家长对待子女都是望子成龙、望女成凤的态度，往往因此而对子女过分宠爱，违背了儿童的身心发展规律。其实很多父母在教育孩子的时候会有很多的困惑，这时学校需要给予家长一些适当的指导。知是行的出发点，学校要通过多种途径对家长进行理论的指导。家校合作可以促使家长到学校去学习先进的教育方法，通过与其他家长沟通、交流，借鉴好的教育经验，从而更新家庭教育观念，提高教育素养。

（一）利用现场的家长会集体学习

学校可以请来专家进行家庭育儿的理论指导。学校需要针对不同年龄、不同年级的孩子特点和存在的问题，进行有针对性的指导，比如初一年级的家长需要了解中学与小学的不同，孩子可能会遇到的各种问题；初二年级的家长需要了解如何面对青春期孩子的叛逆；初三年级的家长可能更关心的是如何帮助孩子缓解学习和考试的压力。

（二）利用网络平台开设线上家长课堂

现在进入了互联网时代，家长们也有繁忙的工作，很难抽出时间来学校参加集体的学习，学校可以利用微信公众号、网络课堂等形式开设专业的家庭教育或者心理学方面的课程，方便家长在业余时间完成学习，成为更加优秀的家长。

（三）组建家长委员会互相学习

学校可以组建班级、年级、学校三级家长委员会，家长委员会的成员不仅是代表全体家长参与学生的教育管理，也将充当教育知识理念学习的代表。如市区级教育部门会组织一些德育讲座，这时学校可以邀请一些家长委员会的家长作为代表参加，参加的家长会把学习的收获带回来，在相应的微信群里与大家分享，大家共同学习探讨。家长们有好的资源也会在家委会的群里进行交流，再由各班家长代表分享到各个班级，在家长中形成一种良好的积极向上的学习氛围。

二、行是知的归宿，是实现知的实践

王阳明先生是大学问家，但是他绝对不是只知道死读书的理论家，他的一生，便是知行合一的最佳解释。无论是在贵州的讲学还是广西的剿匪或者是后来江西的平叛，我们从他的经历中看出他很好地向我们展示了理论与实践的完美结合。

无论是学校教育还是家庭教育最终的目的都是培养德智体全面发展的孩子。家校共育仅仅有理论学习肯定是不够的，需要有各种实践活动的支撑。

班主任与家长的合作一般经历三个发展阶段，即分享信息阶段、协调配合阶段、共事双赢阶段。

分享信息阶段应该还是停留在"知"的层面。这个阶段的主要特征是班主任与家长分享信息，但它不需要任何共同的活动。分享信息是为班主任或家长提供更为全面的信息，帮助双方把工作做得更好。

协调配合阶段就是需要家长与班主任共同"行"。这个阶段的主要特征是班级有其明确的目标，为了能够使班级目标得以实现，家长需要改变自己原来的计划，配合班主任一起工作，即班主任和家长具有共同的活动，但允许班主任和家长双方保持他们各自确立的目标、期望和责任，是一方寻求另一方帮助的过程。通常是班主任寻求家长帮助解决学生的某个（或某些）问题。特别是对于那些被称作"另类"的个别学生，班主任和家长应一起对个别学生存在的问题做深入的调研，提出目标，共同探讨解决问题的策略，否则个别学生和家长对班主任的学习目标无动于衷。

共事双赢阶段，共同制定目标、参与活动、共享资源和分享成果是班主任和家长合作的第三阶段，也是二者合作的最高阶段。家长为班级的建设提供建议，家长代表参与到学校组织的各种学生活动中，比如社会实践活动，家长全程参与其中协助班主任参与学生的管理；学校的大型集体活动，邀请家长作为评委或者嘉宾来参加……这个阶段是建立在分享信息和协调配合阶段基础之上的，班主任和家长在共同的目标和方向上达成一致，共同开发活动，为了实现班级目标，分配责任；运用每位合作者的专业知识，一起工作去实现目标。

三、知中有行，行中有知，知行合一

王阳明认为知行是一回事，不能分为两截。"知行原是两个字，说一个工夫"。二者互为表里，不可分离。知必然要表现为行，不行不能算真知。任何一件事的成功，不是空想得来的，也不是盲目行动做成的，而是在思考中行动，在行动中思考，用思考指导行动，在行动中不断修正思考，最终才逐渐获得真知，修成正果。

家校合作理论知识的学习，有利于保证教育方法的科学化。家校之间通过密切合作、相互学习，能保证教育方法、教育措施的有效性和科学性，大大提高教育效率，并取得理想的教育成果。学校和家长合作共同参与的教育活动，这种合作需要双方的努力和投入。

对于学校来说，家校合作使学校的各项工作能够更好地开展，有了家长的参与和配合，教育往往会有事半功倍的效果。对于家长来说，家校合作使他们有机会参与到学校教育中来，参与到孩子每天的学习生活中来，能够深刻地体会到孩子学习的不容易，从而更加关注孩子，不仅关注他们的衣食住行，更关心其对知识的掌握情况、与小伙伴的交往情况，等等。家长还能通过学校举办的活动与孩子进行深入的沟通，加强对孩子各个方面的重视程度。

家校合作中还有一点非常重要，师长一定要身体力行，为孩子做好榜样。俗语说，"言传不如身教"，如果师长能够在生活中知行合一，带动作用无疑是巨大的，教育的效果也会实现家校的共赢，最终实现我们共同的教育愿景。

第四章　结合情境拉近心灵距离

一个人的成长和发展就是生命展开的过程，这个过程中避免不了的就是与他人交往。在人际交往中，需要用欣赏人、尊重人的方式去处理人际关系，这样才能使彼此在愉悦的氛围中进行沟通和交流，并提高交往的效率和效果。在生命教育过程中，教育工作者需要创设特定的情境，或者结合真实的日常生活场景，教育学生们欣赏他人、尊重他人，拉近心灵的距离，更好地实现交往的目的。

第一节　心心相通助力学生回归

一、学生状况

从初一上学期期中考试后开始出现厌学现象，作业不交，上课睡觉，主诉抑郁，要求家长带其看心理医生，并开始服用提升注意力的药。初一下学期上网课期间开始沉迷于手机，几乎不参与任何线上学习，家长管理完全失控。初二线下开学三天后即拒绝到学校上课，不听从父母的教育，亲子关系紧张。

二、家长状况

父亲是某著名高校的教授，母亲是律师，属于事业成功人士，也是高级知识分子，经济状况好，对孩子有较高要求，并自认为孩子一定优秀，所以没有对孩子进行任何学前教育，导致孩子上学后显现出与其他孩子的差距，此时没有给孩子提供切实有效的帮助，而是对孩子严厉训斥，孩子感受到的是父母的不认可。小学四年级送孩子去美国游学一年，回来后学习成绩跟不上班级同学，加重了孩子对自身的不自信，家长用武力教育的方式让孩子非常逆反，甚至扬言要用实际行动证明棍棒底下出不了孝子。孩子的激烈反抗让家长意识到了自己的问题，开始反其道而行之，对孩子百依百顺，导致家中孩子说了算，家长失去主动权。

三、家校共育过程

第一阶段：了解情况。

因为孩子在学校的表现，我请家长到校共同寻找解决办法。家长非常配合，父母、孩子、我共 4 人在会客室谈话，父亲表现得非常强硬，儿子表现出与父亲水火不容，母亲很无奈，我此时才意识到孩子不是单纯的厌学，背后有因。

第二阶段：借助学校的力量将孩子拉回学校。

我和年级组长去孩子家中家访，带去了班级同学买的礼物，还带去了年级各班与他交好同学录的视频，希望可以将孩子和家长请到学校，由心理教学专家对孩子进行引导，最后孩子不愿意，只有家长参与了此次活动。在活动中，我们都感受到作为父亲的一方在家庭教育中是有缺失的，属于严厉有余慈爱不足，面对孩子目前的状况，他做不到放下身段与孩子平等相处。经过专家将近两个小时的引导，以及在场老师们的不断鼓励，父亲表示回去后要改变自己与孩子相处的方式。经过这次活动，孩子回到了久违的校园，一直到学期末。

第三阶段：帮助孩子重新适应校园生活。

1. 孩子有体育特长，运动会的接力赛临时决定通知他来参加，告知同学都很想他。他很快骑车回到学校比赛，同学们又看到了他在运动场上生龙活虎的身影，为第二周回到学校做了一个铺垫。

2. 上学第一天他和历史老师发生争论，他认为：自由就是想干什么就干什么，认为中国的民主不如外国。能看出来，离开校园的他思想也变得偏激。我马上联系年级组长、政治刘芳老师共同对他进行教育，历数疫情期间表现出来的社会主义的优越性，解答他关于农村人目前的医保问题，让他认识到自由是相对的，半个小时的谈话让他心服口服。

3. 鉴于孩子缺课太多，完成作业困难，建议科任老师对孩子的作业降低要求。

4. 学校德育处主任和年级组长为了发挥他好表现的特长，进校第一天就给他提供了担任法律讲座主持人的机会，为此孩子将一头长发剪成了精神的短发，表现特别优秀。

5. 年级组长推荐他做学校的合唱比赛的主持人。

第四阶段：效果。

孩子情绪终于正常，没有再表示不愿意上学，与家长的关系也融洽了，家长特别满意，主动给我、年级组长、各科老师送了锦旗，孩子感受到来自老师的关爱，主动给我准备触屏用的笔。

寒假期间我建议孩子虽然不再反感校园生活，但仍然不学习，依赖手机，应该对手机的管理严格起来。家长开始对孩子的未来做打算，家长目前想到的办法是换环境，去另外一个学校适应一段时间，如果适应得好，考虑出国。

孩子在家期间，母亲终日以泪洗面，家里气氛特别压抑，家长手足无措。借助家校共育的力量才将孩子拉回了学校，拉回了社会，拯救了这个家庭。虽然后期我和年级组长做了很多工作，但并未达到让孩子有最好的状态开始正常学习的目的。这也说明教育是一个长期的过程。不过，他毕竟已经回归了学校，相信他会越来越好。

第二节　用笔尖触及心灵

开学不久，我就发现一个叫小李的学生每节课都爱迟到，而且就像入无人之地似的走进教室，学生们对她的行为都司空见惯了。在我看来，迟到又不做解释是一件不礼貌的事情。一天，小李又迟到了，当着全班同学的面，我指出了她的问题，结果课间操的时候小李跑了。后来，我主动与她沟通，她只是埋着头一句话不说。当我再次找她沟通时，她见着我掉头就跑。这是我和她之间第一次出现了问题。有一次课上学生往后边传卷子，小李是坐在中间的座位，可是她却没有卷子，于是小李从座位上站了起来，一声不吭地走到我身后，伸手就来抢卷子，我下意识地躲闪了一下。我问她："为什么要过来抢卷子？"她却大声地说道："你为什么不给我卷子？别人有的我都要有！"我对她的行为很不满，但是由于上课的原因，我没有过多地言语。当与其他老师沟通时，才知道原来她不只和我这样。

在一次与她妈妈的沟通中，我意外地知道孩子保留着同学送她的圣诞节贺卡。这件事让我感觉到孩子虽然内向，不合群，表现出许多不符合常规的行为，但应该还是一个单纯、重感情、渴望真挚友情的孩子。于是我决定用她可能接受的方式——书信，作为我们交流的一种方式。

第一封信中我写道："希望自己能成为学生最亲密的朋友，和你们分享在一起的每一天的快乐与烦忧；希望你们是校园里最快乐的一群小精灵，自由自在地健康地成长。有时候我看着你们那一张张生动可爱的脸，想象着你们的未来，知道在你们的漫漫人生旅途中，我将是除了你们亲生父母之外的又一个引路人，感到无比的幸运，但也有些迷茫。"我发自内心地表达了自己作为人师对学生最真挚的想法和希望。

第一封信后，小李上课认真听讲了，我看到了她积极参与课堂的目光，主动地参与教师组织的教学活动中的表现，我可以肯定的是，第一份信中充满真诚与热情的文字，已经触动了她的心。

在后来的一封信中，我放弃了自身的主观参照标准，尽管学生的表现和我心目中的尺度不相符，我也尝试设身处地以对方的参照标准来看待她，感受她的思想行为。我在信中充分地肯定了她的表现。写道："这周看见你能按照老师的要求做事情，我很开心；看到你听讲那认真的眼神，我也很感动。老师要是能看到每一个学生都像你一样充满对学习的热情和渴望，那该是多么幸福的一件事情。"

学生回信了，从来不敢进办公室的她，居然在我在教室的时候走进了办公室，将信放到了我的桌子上。

小李不能像其他学生一样和同学老师相处，我总觉得是集体生活中的一个遗憾。她的回信中曾说明她是一个害羞的小孩，这阻碍她与别人建立正常的友谊，还造成和老师之间紧张的关系，总惹老师生气。几封信后，在小李的信中我看到了变化，她能客观地分析自己的问题，也希望我给出更多的建议。

我用心去观察她，用言语试着一步一步地靠近她，也希望她一步一步地走近我，不想让书信成为我们唯一的沟通方式。在我们半年的书信沟通后，慢慢地，我发现，她能认真地听我说话了；当我主动给她要东西时，她能积极地回应了；当我对她提出一些要求时，她也能很好地完成了。

通过这个案例，让我更清晰地认识到每一个学生都有适合他的教育方式，进一步提升自己的心理教育水平，与家长沟通，多多想办法，努力耐心地寻找适合每一个学生的健康快乐成长的方式，有针对性地对他们进行辅导，以提供给学生成长和前进的不竭动力，使每一位学生都能沐浴在师生的关爱之中。

第三节　抱持爱心静待花开

教师和家长是学生成长过程中的两个不可分割的整体，真诚有效的沟通是协调教师与家长关系的至上法宝。通过一系列活动从心理和家庭管理方面给予家长帮助与指导，从学校和家庭两个角度快速解决孩子们在成长过程中所遇到的问题，促进孩子的健康成长。在这个过程中，面对不同层次的学生和家长，使用的方法和策略也有着很大的区别，但是从本心出发，为家庭和学生着想，用真心、言语和行动总能让孩子和家长们感受到老师对他们的关心与爱护，从而更好地促进学生的成长。

家庭与学校的合作，家长有效配合学校对子女进行教育，关系到学校育人环境的全面改善，也直接决定着学校教育的效果。家庭教育在孩子的成长过程中起着非常重要的作用，但是随着社会的发展与进步，越来越多的家庭中，或是父母双方都参与到社会劳动中，在外工作一天后，回到家中已经非常疲惫，或是因为各种原因导致感情破裂，离异情况非常多，所以孩子在校的表现，孩子的作业，孩子成长中遇到的问题，家长们无暇顾及，导致问题越来越严重。及时地发现和了解孩子所面临的问题，和家长展开有效的沟通就变得非常迫切，通过有效的沟通和合作，让孩子健康地成长。

一、案例描述

初三开学以来，这个大个子男生的一举一动都让我越来越看不懂他了：1. 几乎每天早上上学迟到；2. 上课无精打采，对课堂漠不关心，困了就睡觉；3. 作业几乎每天都交不上来……反正与学习有关的事情一概不关心，和初二时候的情况截然相反。刚开始发现这些问题的时候，经过严厉的批评和教育，情况稍微有些改善，可是没过几天，情况依然如此，于是我改变策略——和风细雨的问询，点滴分析利弊，效果依然不明显，于是这件事情就走进了死胡同，这孩子是软硬不吃……

于是我就思考，这孩子怎么就变成了这样呢？与孩子相关的，无非就是学校、家庭、社会，所以我就从这三个方面入手，分析一下这个孩子到底遇到了什么样的问题，也为以后的教育教学提供一些借鉴。

首先从社会入手，是不是孩子在社会上交往了一些不良青年被带坏了，经过简单的了解，他家离学校大概有 15 分钟的车程，每天上学、回家的路上都没有什么逗留，交际圈子也比较正常，不存在和社会青年交往的现象。

然后在学校询问各任课老师是否发现他的异常的行为，是否与任课老师发生过不愉快，在学生间询问他是否与其他学生发生了什么不愉快，结果都是否定的。

通过调查，我的脑海中大致有了一个结果：他的家庭可能出现了一些问题，导致了他不想学习，或者叫无心学习。如果真是这样的话，也就可以解释为什么一个热爱学习的孩子，经过一个暑假，变化如此之大。所以我就准备从家庭入手，分析一下孩子目前遇到的问题。

因为这孩子连续三年都是在我的班里，前两年这孩子还挺正常，学习成绩虽然不是非常的优秀，但是还算中上，所以并没有过多地与家长沟通过，都是每次家长会进行简单的交流，而平时都是通过电话沟通，更没有真正走进家庭看一下孩子的生活环境。这次我觉得我应该走进这个家庭，一则验证一下我的想法，二则寻找解决孩子目前状态的突破口。抱着这些目的，我准备走进这个家庭。询问孩子以后，孩子并不欢迎我去，甚至有些抗拒，所以更坚定了我认为的可能是孩子的家庭出了问题的想法。经过和孩子的父亲商量以后，在一个周末的上午，我来到了孩子的家里。经过简单的了解，我知道了这个家庭的变故：父母大概半年前离异以后，孩子和奶奶住在一起，父亲平时打工，无暇顾及孩子，但是最近原有房产拆迁，家里积蓄突然增多，父亲谈了新的女朋友……

二、分析和解决问题过程

经过简单的家访，了解到孩子不爱学习的原因有三点：1. 父母离异，孩子缺乏关爱，父亲新找了女朋友，孩子缺乏安全感；2. 孩子在家的学习，父亲和奶奶都管不了，所以无人看管；3. 家中积蓄突然增多，让孩子产生了一些不切实际的想法——不用学习，直接初中毕业出国。

找到了问题，接下来针对问题和家庭的现状，和孩子的家人一起逐一寻求解决问题的办法，孩子的父亲也意识到了问题的严重性，初三一年，对孩子来说非常的关键，所以也非常配合，也想给孩子最大的帮助，在和孩子、家人一起共同的协商下，达成一致：1. 在家里。每天由孩子父亲陪着孩子写完家庭作业，和父亲的女友建立了良好的互信关系，并周末一起外出活动，让孩子缺失的家庭氛围逐渐回归。2. 在学校里。（1）从任课老师，到我这个班主任，严抓各科的作业以及他上课的状态，不准出现各种上课不认真听讲，或者开小差的情况。（2）在课余时间引导孩子阅读了《你在为谁读书》全六册图书，让孩子知道读书学习的重要性，在阅读的过程中，孩子也被故事里的各主人公打动。（3）开导孩子，家里不管有多少钱，都是可以作为人生奋斗的资本，而不是作为挥霍的理由，即使出国也需要真才实学才能有更好的未来……

经过这一番努力，孩子也认识到了一切都是在为他着想，内心的抗拒已经慢慢地消失，性格逐渐开朗，而且慢慢地热爱学习。在办公室，在教室的走廊里，常常遇到他询问老师问题的场景，成绩也一直在进步，越是对他严厉的老师，他追得越紧，成绩进步得越快。每次开班级诊断会的时候，老师们都说他进步很快，很有学习的劲头，从侧面也证明我的努力取得了很好的效果，最近刚刚中考结束，期待他取得好成绩，进入理想的高中……

三、经验与反思

孩子们在成长过程中遇到各种问题，这是很正常的一件事情，面对这些问题，作为老师，需要认真地去分析孩子可能是在哪些方面遇到的问题。随着社会的发展，很多的问题都是出现在家庭中，面对家校沟通目前面临的困境，老师们需要更多的智慧与技巧，和家庭成员进行沟通，建立互信，千万不能和家庭站在对立面。家、校、生，就像三角形的三个角，只有家校站的越紧，沟通越顺畅，才能对孩子的成长起到更好的促进作用。对于学生，在日常的管理过程中，需要老师们更多的理智与细心，每做一件事，其实每一位老师、每一位班主任都是在为孩子们着想，但是如何把好事做好，如何让孩子得到更好的教育，确是每一位教育工作者永远不懈的追求，因为我们面对的是一群性格迥异，但是又是一个个活生生的个体的孩子。只有让孩子和家长真正地意识到老师们做的一切都是为了他好的时候，你对他们的严格要求才会不被抗拒，反而换来的是感激，所以作为老师，一定要走进家长的心里，孩子的心里。

教育的力量就不是逼着孩子去做某些事情，从而达到一定的目的，而是用爱，用一颗真诚的心，去换另一颗真诚的心，去感化一个放荡不羁的灵魂。一个老师在其职业生涯中，可能会遇到各种各样的孩子，跟流水一样，一波又一波。可是对于孩子而言，今生的中学阶段他遇到的就是你，你给他的将是他人生道路中重要的一笔，在以后的人生中，你将是他永远挥之不去的"启明星"。

第四节　家校携手促进后进生转化

上学期，我担任高一（4）班班主任。班里有男生 15 人，女生 21 人，共 36 人。一个学期下来，班级稳定发展，绝大部分同学比较爱学习，纪律也好，但也有个别同学无心向学，纪律散漫，在各方面表现较差。小于就是其中一个。

一、学生的自然情况

姓名：小于

性别：男

年龄：十五岁

年级：高一

二、问题及行为表现

1. 学习方面：学习目标不明确，缺乏兴趣，经常听课注意力不集中，作业不能认真完成，学习成绩差。

2. 思想方面：缺乏上进心，对自己没有要求，贪玩。

3. 纪律方面：自由散漫，日常行为习惯欠佳。

三、问题的成因分析

针对小于同学的特点，经过与其家长谈话了解情况，我认为他的问题来源于以下几个方面。

1. 他头脑灵活，但学习态度不端正，对学习缺乏兴趣，基础较差，懒惰，缺乏上进心，贪玩，缺乏自控能力，导致了学习成绩差。

2. 由于过去"懒、不遵守纪律"，经常受到老师的批评、同学的抱怨、家长的训斥，使他产生逆反心理，对正确的教导产生抵触情绪。

3. 在班里，他的学习成绩不好，又缺乏踏实的学习精神，对较难的问题不愿意动脑筋，又不愿意问别人，不懂装懂，长期发展下去，知识掌握不牢，就产生了自卑心理。认为反正也就这样了，自暴自弃，导致成绩下降。课上听不懂，于是上课不是寻机会说话就是睡觉。

四、采取的方法和实施过程

根据小于的实际情况，我认为他的本质是好的，如果与家长配合共同对他进行耐心细致的教育和帮助，他是会有改变的，是会从"后进生"的行列中走出来的。因此，我想方设法开导他、引导他，使他尽快走出"后进生"这一行列。我所采取的方法和实施过程如下。

1. 在学习上和生活上多关心、多指导

让他觉得老师在关心、爱护他，亲其师才能信其道，这样他才能相信老师说的话，这时候，与他谈到生活、家庭、人生、学习、就业才能使之对生活充满希望，关心父母，关心班级，对人生重新认识，树立起学习的信心。

2. 鼓励、支持、帮助他克服懒惰的习惯

鉴于小于没有良好的学习习惯和学习方法，我就帮助他掌握一些基本的学习方法。比如根据个人的实际情况合理分配时间，先易后难等，见到他有点滴进步就给予肯定、鼓励，使之坚持不懈。

3. 他经常犯错误、出问题的方面，我耐心指导，认真帮助他分析错误原因，让他自己找出错误所在。同时，不放松对他的教育，用爱心去关怀爱护，用爱心去严格要求，使他真正理解教师对他的关爱，有利于帮助他形成良好的行为规范。

4. 尊重人格，保护自尊心

保护自尊心，是信任与赏识教育后进生的重要前提。在教育的过程中，应坚信"人是可以改变的"。对此我满怀期待，倾注耐心，尊重他的人格，用平等关心的方式态度对待他，不厌恶歧视，不当众揭丑，不粗暴训斥，不冷嘲热讽。

用人格的力量去启迪他的心灵，用爱心去融化他的心理防线，在师生间架起一道情感交流的桥梁。经过晓之以理，动之以情，因势利导，使他感受到老师的信任、关爱、尊重和期待，从而渐渐恢复了自尊与自信，消除了自卑和抵触情绪，愿意接受帮助和教育。进而引导他对自我价值的分析，建议改进方法，让他自己去尝试和感受进步带来的成就感，变消极状态为主动状态。

5. 家校共育，助推其进步

为了及时了解、掌握他的内心世界和行为表现，进行有针对性的教育，我通过个别谈话、与家长沟通、表扬鼓励、正面疏导、指明方向，发现他的闪光点。如对历史的学习，有一段时间兴趣浓，以此作为教育转化的突破口和推动其前进的动因。我与家长配合从肯定小成绩、小进步入手，让他感受到受赞许、表扬的欢乐，从而树立起自信心。在他通过努力取得成绩时，一方面及时肯定，另一方面又提出新的目标，循序渐进。由此他看到了希望，激发了进步的内在潜力，确立了不断进步的信心。

五、教育效果

经过一个学期的努力，小于逐渐端正了态度，各方面都有一定程度的转变。日常行为表现有所好转。现在的小于，尊重老师，明事理，犯了错误能认识到错误在哪儿。当然对于他的教育转化要有长期的计划和打算，要不断地调整方法进行教育，与家长密切配合，步调一致地对他进行思想教育；不厌其烦，反复抓，抓反复，促使他慢慢养成良好的行为习惯和学习习惯。

第五节　学生迟到后不跟家长打小报告

学生经常迟到是令教师很恼火的一件事情。在学校的纪律评比中，这常常是最刺眼的一个项目，每天都立竿见影。有学生经常迟到，班主任压力很大，处理起来，也就很难保持冷静的头脑：容易发脾气，容易搞体罚，容易请家长，容易激化矛盾。按说迟到不是什么太大的事情，可是由于上述原因，它可能在教师的心中成为很大的问题。教师对经常性迟到的认识，最容易出现的问题是孤立地看迟到现象。他们往往不善于把迟到放到学生整体精神状态的大背景中来观察，就事论事，头疼医头，脚疼医脚，又急于求成，这就容易失败。

学生为什么会经常迟到呢？据我初步分析，常见原因有以下几种。

一、恐惧教师，恐惧学校

这种学生的主要问题不是迟到，而是他们根本就不愿意到学校来，又不能不来，家长催逼，老大不情愿，能晚点就晚点。少在学校待一会儿，是他们最大的愿望。

有些学生虽然迟到，但是一旦来到学校，还是能高高兴兴学习，起码也能在下课的时候高高兴兴游戏。迟到的学生不同，他们整天无精打采，只是偶尔能高兴起来，而他们精神最好的时候是快放学的时候。

他们为什么会这样呢？

有的可能是教师恐惧症。这种学生见老师就躲，见老师就害怕，他们可能是受过老师无数的批评，很少或从来没有被老师表扬过，也许有某个老师严重地伤害过他，使他从此望老师而生畏。如果我们发现某个经常迟到的学生看见老师就蔫，可是和同学在一起要相对好一点，那他可能就是这种学生。解决这种孩子迟到问题的方法是，老师和他搞好关系。如果他发现有一个老师真正关心他、喜欢他，能看到他的优点，他就可能高高兴兴来上学，而很少迟到了。

有的可能是学校恐惧症。就是说，学校里有他特别害怕的人或事情。可能是因为在学校受欺负，可能是因为生理或性格原因被同学起外号、嘲笑，被孤立等，还可能是早晨来校时有大个学生劫他的钱，他不敢告诉家长、老师，只好晚到一点，以避开麻烦。这种孩子，当你批评他迟到的时候，他很可能不加申辩，只是一声不吭，因为他无话可说，或有话不敢说。遇到这种情况，教师一定不要轻易批评他，而要尽可能和蔼地向他询问情况。对他说："我相信你不愿意迟到，你迟到一定有自己的苦衷，告诉我，我会帮助你。你要是不说，老迟到，学校会给你处分的，那不是很冤吗？"

很多老师遇到学生迟到的问题总是满腔义愤，告诉学生迟到如何如何错误，不迟到有多少多少好处，这常常是废话。其实关键是向学生询问原因，具体的、真实的原因，把学生的具体问题解决了，迟到现象才能避免。

有些学生已经到了辍学的边缘（中学生为多），我们把这种学生叫作"边缘学生"。他们根本连学都不想上了，老师若还在那里为迟到和他没完没了，那实在是放开大题做小题，浪费感情了。关于这类学生的问题，本书后面将有专门的论述。

二、家长纵容造成的习惯性迟到

有些学生是迟到的老手了。他们从幼儿园开始就常常不能按时到校。稍微有点不舒服，家长就说："得了，今天不去了，反正家里有姥姥看着。"旷课尚且不在乎，迟到更不当回事了。家长根本就没有把孩子每天按时上幼儿园看成一种早期的纪律训练和规则意识训练，看作未来孩子上学的重要准备。他们只有疼孩子的本能，没有教育观念，只图眼前讨好孩子，不为孩子计长远。幼儿园再好，也不如在家舒服自由，家长一放松，孩子自然顺坡下驴，能赖在家里就赖在家里，久而久之，就拿迟到不当回事了。我们常常看到有些小学生甚至中学生，迟到、旷课满不在乎，老师批评他他还挺委屈，可能就是这种孩子。在他们的习惯中，迟到是正常的，因迟到而挨批倒是很奇怪的，因为他们的家长从来就没有因为他们迟到而着急、生气过，只有纵容。这种家长后来当然会变脸。上了小学，纪律严格了，迟到几次教师要打电话给家长，再迟到学校要给纪律处分。这下家长着急了，于是开始每天催逼、唠叨，甚至打骂孩子，态度来了个180度大转弯。要知道家长是成年人，你转弯容易，孩子跟得上吗？他已经习惯了懒散呀！于是孩子就对家长不满、反抗。

这就是亲子战争的萌芽。家长应该反思一下，早知今日，何必当初？当初要是一直让孩子按时上幼儿园，如今上学就不会有迟到现象。可见，有些中小学生因迟到让老师天天打电话给家长，正是家长自己种下的恶果。

也有的孩子开始还算比较规矩，按时上幼儿园，按时到校。忽然得了一场病，在家休息，家长百般照顾，孩子尝到了不上学的甜头。病好之后，家长总觉得孩子可怜，于是在上学问题上就难免放宽了要求，今天不去就不去了，迟到就迟到了，孩子也不容易嘛。这样，孩子也就养成了懒散的习惯，甚至可能装病不上学。这叫作倚病卖病，也是家长"心软"造成的恶果。

所以，如果教师遇到有学生连续迟到，我主张先不要着急批评，而要了解一下他的"迟到史"，他是从什么时候开始爱迟到的，家长那时的态度是什么。如果确属家长纵容造成的习惯性迟到，那就一定要把家长请来，给他讲清前因后果，让他认识到自己的错误，以后再也不要袒护孩子的迟到现象了。注意，如果家里有隔辈人（爷爷、奶奶、姥爷、姥姥），光做父母的工作还不行，要争取所有家长统一认识。但在行动上，要告诉家长，需要坚定，不能急躁。孩子有个头疼脑热，不要大惊小怪，凡是能坚持上学的，家长们要一致主张孩子上学。为了帮助孩子养成好习惯，可以暂时请一位家长陪送孩子上学，但是，要准备逐渐撤出来。孩子因为迟到而受罚，只要教师的做法不过分，家长就不要替孩子说话。教师也不要急躁，因为养成一种新的习惯，至少需要一百天，而克服一种旧习惯，则往往需要更长的时间。教师如果因为学校评比造成焦虑而对家长、学生过分施压，恨不得立竿见影改变学生的迟到现象，可能会适得其反，弄不好还会酿成事端。

三、家长包办过多造成的习惯性迟到

也有的学生经常迟到既不是因为学校恐惧症、教师恐惧症，也不属于家长纵容造成的习惯性迟到。家长不但不纵容，反而从孩子很小的时候起就因为上幼儿园、上小学的迟到、旷课问题与孩子进行过"持久战"。打也打了，骂也骂了，赏也赏了，罚也罚了，动之以情，晓之以理，大道理讲了无数，家长嘴皮子都快磨破了，最终孩子还是经常迟到。这是怎么回事呢？

首先要考虑是否有人掣肘。父亲要求严格，母亲却给孩子说好话；父母要求严格，隔辈人却护着孩子，不能形成合力。如此，严格是没有效果的，孩子有保护伞，就会磨蹭。遇到这种情况，要先协调一致，再说其他。其次可能是家长包办太多。有很多家长从叫孩子起床开始，什么都替孩子做。催逼孩子起床，一件一件给孩子穿衣服（孩子此时半睁着眼睛），拉孩子进卫生间，甚至帮孩子洗脸刷牙。如果家长这样伺候，则无论你嘴里说的话多么严厉，他都不会着急，因为他心里有底——反正你比我还着急，反正这都是你的事情，反正你得替我把一切做好。皇帝不急大臣急，急死你也没用。有的孩子甚至经验丰富到了这种程度，他能从母亲喊他起床的声调中准确判断出，什么时候我可以不理不睬，到了什么时候我可就必须起床了，妈妈真急了。起床上学本来是孩子分内的事情，竟然变成了"给妈妈起床，给妈妈上学"，主动完全变成了被动。人之常情是，只有自己的事情才会抓紧，别人的事情总不那么急迫，如此，孩子迟到也就是很自然的了。这种孩子真的迟到了也狼狈，也害怕，也后悔，但是他们不会反思自己如何磨蹭，而会埋怨家长："就赖你！干吗不早点叫我？"而这种家长挨了孩子的数落，觉得好像自己理亏了一样。孩子迟到，家长负责，迟到的问题就很难解决。

这种家长需要教师指导。教师要告诉他们，迟到不迟到是孩子自己的事情，家长不要替他承担责任，家长顶多做一些帮忙的工作，而且尽可能减少。比如早晨叫孩子起床，就不应该是家长的事情，闹钟可以叫，手机可以叫，凭什么还要劳动家长？等到孩子将来上了大学，家长难道也每天叫孩子起床吗？等到孩子就业了，到公司上班了，家长也要叫孩子起床吗？如果将来不能这样做，那现在就不要惯孩子的毛病，以免将来不习惯，带来更大的痛苦。有的家长可能会说："我现在每天叫他他还迟到呢，要是不叫，不是更要迟到吗？"不一定。家长要是跟孩子说清楚，让孩子自己负责自己的事情，很可能他反而会有进步。还有一个办法是家长故作懒惰或者疲倦状，和孩子"交换位置"，也就是说，我早晨起不来，我是弱者，我需要照顾，请你早晨叫我起床，好吗？对有的孩子，这招比较灵。注意，如果孩子不起床，家长千万不要唠叨，提醒不要超过三次，然后就径自洗漱上班，不要管他，你越管他毛病越多。另外，也不要总是说孩子"爱迟到"。这样说多了，孩子就可能认定自己是一个爱迟到的人，这种角色认定会更加强化孩子的迟到现象。

总的来说，学生经常迟到的问题，还要靠家长帮助解决，而要想借得家长的"东风"，教师就必须学会指导家长，给他出具体的主意。单纯责怪家长，是不能解决问题的，因为家长很少有愿意孩子迟到的，他只是教育观念有些问题，又缺乏方法。

第六节　劝慰暴力家长

2016年10月的一个下午，于健明泪眼婆娑地找到权老师说昨天晚上被父亲于武胜打了，孩子很难过，希望权老师能跟父亲沟通一下。

"您好，您是于健明的父亲吗？"

"对，您是？"

"我是权老师。"

"您好，权老师。"

"今天于健明泪眼婆娑地找到我，说您打他了，于健明很伤心。"

"孩子太不争气，我没忍住，唉，脾气不好。"

"打孩子解决不了问题，反而伤害了父子感情。"

"唉……"

面对用暴力惩罚孩子的家长，老师怎样和这样的家长沟通呢？

老师要在充分取得家长信任的基础上，从"分析问题、情感沟通、寻找方法、制定措施、解决问题"五个方面入手，让家长明白用暴力惩罚孩子不能解决问题，只能使问题陷入僵局。

一、选：要选合适时间

时间的选择上，工作日是选择晚饭后 19 点到 20 点的时间电话沟通，非工作日选择上午 9 点到 10 点的时间，沟通时间以 30 分钟为宜。这样能避免沟通中家长有其他事情的干扰，更能心平气和地沟通，这样能提高谈话沟通的效率。

二、说：要说孩子优点

谈话中说孩子的优点和优势的部分，优点：热情开朗，善解人意，在刚刚结束的校级秋季运动会中班级的志愿服务做得很好，给班级买饮用水、巧克力。运动会期间，班级观看场地的卫生打扫和监督非常积极。孩子有美术特长：美术特长可以让孩子以艺术生的身份参加高考，这样在将来就业的选择上更有优势。让家长了解自己孩子的优点和优势会让家长有一种重新认识孩子的感觉。这样家长会意识到孩子还是有很多被自己忽略的优点的，和家长沟通孩子的优点和优势，更容易让家长的心情平复，更能感觉到老师的良苦用心，更愿意与老师沟通。

三、防：要防反面作用

首先很理解家长望子成龙的心情，所以从这个层面上理解家长，但不认可家长简单粗暴的做法。打孩子，最大的恶果不在于对孩子皮肉的惩罚，更多的是会给孩子心理埋下负面情绪的"导火索"，一旦遇到合适的情境，"导火索"便会引燃其背后潜伏的炸弹，威力大小还不可预测。所以更多的时候，做家长的要理智、要冷静，一样要"以理服人""以德服人"，这样才会减少因为打孩子而造成的恶果。

给家长分析从心理学的角度来看待，打孩子至少会造成三种恶果：1. 让孩子学会恃强凌弱。当大人用暴力去教训孩子，以"教育"孩子什么事情不能做的时候，孩子会学会，打人能让对方产生心理的恐惧，身体的痛苦和心理的恐惧是使人屈服的有效方法。这样的孩子长大后，也会用这样的方法去"征服"世界。联想到前段时间某地发生的学生暴力事件。试想一下，一个在家庭里见惯了暴力的孩子，是不是被教会了用暴力的方法征服别人？家长，你确定要把孩子教育成一个使用暴力解决问题的人吗？2. 打击孩子的自尊心。打孩子是一种伤害孩子自尊的行为。请家长们想一想，如果一打孩子，孩子就屈服，那他是不是会变成一个懦弱的孩子，他长大了也缺少勇气，难以形成自尊心；而如果你打了孩子，孩子没有屈服，这是孩子保护自尊的方式，那挨打只能激起孩子反抗的欲望，孩子会以绝不放弃自己的错误行为来体现自己的自尊，那么打孩子并没有起到作用。家长，你确定这些是你想要的结果吗？

让孩子放弃改错。著名心理学家吉诺特在她的著作《孩子，把你的手给我》中提到，"体罚的最大副作用就是它可能会阻碍孩子道德良心的发展。"打孩子可以非常轻易地消除孩子的内疚。孩子已经为不端行为付出了代价，于是他会很随意地再犯。孩子会发展出一种可以成为"记账"的方法来干坏事：他们会允许自己做错事，记在账上，然后用挨打来付账。家长，你确定你希望孩子放弃改错吗？

给家长举例身边发生的或者网上曝光的因为家长的暴力，孩子离家出走或者做出更出格的事例，这样可以警醒家长更加重视孩子的心理健康，家长也会反思自己惩罚孩子的办法简单粗暴，不能解决实际问题。

四、找：要找具体方法

其中第四步"找具体方法"较为关键，要在深入了解孩子的基础上，结合孩子的性格特点，孩子目前的学业成绩，给孩子制订合理的目标，以便找到最适合帮助孩子的方法。当孩子家长非常在意孩子的学习成绩时，制定措施和目标就很重要。

给孩子制定一个月的短期进步计划，根据孩子的日常表现，如果有进步，老师会跟进表扬，家长也会有实质性的精神或者物质奖励，让孩子觉得他的点滴进步家长和老师都是可以看见的，让孩子重拾信心。

五、合：要合作共解决

　　家校的配合很关键，每周至少两次和家长沟通孩子的变化进步，并共同寻找解决问题的方法。当孩子沮丧时，家长和老师都要给予鼓励；当孩子不能很好地约束自己时，家长和老师及时给予提醒帮助；当孩子有进步时，家长和老师都及时给予表扬。这样孩子、老师、家长都会以一种全新的心态积极面对遇到的问题，有了感情基础，问题的解决就会变得容易。

第五章　走进内心认识生命价值

人最宝贵的是生命，生命只给人类一次机会，一旦失去了就无法挽回。要珍惜生命，让我们的生命更有价值。抛开外在的表现，生命本身就是一种价值，更是无价之宝，因为有了价值，才体现出生命的意义。所以我们要善待生命，如果失去了生命，生命的价值就无从谈起。而要让学生感悟到这一点，就必须走进其内心，拂去其内心的阴郁。魏书生老师曾经说过："走入学生的心灵世界中去，就会发现那是一个广阔而又迷人的新天地，许多百思不得其解的教育难题，都会在那里找到答案。"

第一节　让关爱走进内心

逆反心理是在初中阶段比较常见的心理状态，从家长的口中得知，他们多数面对这种情况要么束手无策，要么对孩子体罚打骂或者进行语言嘲讽打击。这样不正确的处理方式让孩子更加逆反，并且容易让孩子自卑，对学习失去信心，对亲情失去信任。

其实我们分析一下便可得知：刚上初中的孩子，一个最显著的特点就是变。

生理和心理同时发生着变化，这个时候，老师常常会发现个别学生难管教，许多家长也会抱怨孩子越来越任性。这种与常理背道而驰，以反常心理状态来显示自己高明、非凡的行为，往往来自逆反心理。如果不能及时加以引导和教育，这种心理很可能演变为对人对事多疑、偏执、冷漠、不合群的病态性格，更严重者可能出现犯罪心理。如何应对中学生的逆反心理，如何引导他们培养良好的道德情操和心理品质，家长、学校、教师都要有所"为"有所"不为"。下面我以具体案例谈谈我对这个问题的理解和处理办法。

一、案例展示

男生小刘，之前学习状态不错，自从初二下学期父母离异后成绩直线下滑，同时课堂课下学习都十分消极。他上课睡觉，无精打采，对老师布置的作业置之不理。现在跟爸爸和奶奶生活在一起，爸爸不够细心，平时出问题主要是靠打骂，但是爸爸自己说现在孩子大了，他也打不动了。而且由于住在丰台，平时都是小刘自己坐公交往返于家与学校之间，精神状态更是萎靡不振。奶奶主要是宠溺，对大孙子言听计从。

　　虽然他平时学习不积极，作业都靠催，但是还是能听老师的话，作业和笔记能及时补回来。但是有一次他突然在班级咆哮："我自己都不想学了！老师您别管我了！"我开始还能保持冷静，不停地劝导他，但是他声调越来越高，我也有点情绪激动了，但是好在我还是忍住了，听他一直在教室里咆哮完。等他情绪平静下来才开始跟他交谈。我让他坐到我对面，他这时的眼泪已经忍不住簌簌地落下来，看到这种情景很难想象这跟刚才那个冲着老师大吼的孩子是同一人。我低声问道："怎么了小刘？是不是遇到了什么困难？老师可以帮助你吗？"他低着头不看我，自顾自哭着。"我现在根本不想学，我学不进去，什么都不想听。而且我也不想让我爸管我，你们都不管我，都不懂我……"我说："老师管你啊，爸爸也一直在关心着你，你知道爸爸的爱总是默默的悄悄的。"接着我把之前与家长交流过程中他爸爸的话转告给了他，当然其中有部分是我自己加上去的，因为他爸爸平时的关心确实是有点少。"你爸爸每次都向我打听你的学校生活，还让我多关注你呢！""真的吗？"特别抬起似信非信的泪眼看着我，我点了点头，接着说："还有老师也一直在关心着你啊！是不是我做得不够，你才没有感觉到啊！"果然不出我所料，他赶紧回答："没有没有，老师刚才我是太着急了，其实我知道您心里是关心我的。"我这时露出笑容："小刘，别着急，你这段时间可能太累了，还没有调整好。没事，老师等着你，等着你调整状态。另外早上起来多穿点儿啊，你离家远，起得早，别冻着了，还有你早上怎么吃的早饭？用不用老师早上帮你带一份？"小刘没有直接回答我的问题，反而不好意思地说："老师，刚才我错怪了您，我不该对您吼……""小孩子嘛，没事，有时候适当发泄一下就好了，但是下次可别再用这种方式了啊，你可以给老师写信，如果不想给老师说的话也可以跟同学们多聊聊！"后来我们还聊了很多，像拉家常一样，直到他家长过来接他回家。

二、教育措施

　　一是保持冷静，及时了解原因。面对问题，作为该学生的老师，我们应首先找出导致学生出现这些问题的根本原因。我从他的父母、朋友那里进行了深入了解。在与他父母的交流中，我们了解到由于父亲的脾气比较暴躁，其与父亲的关系极差。同时，也向家长反映出，该生在班上也提及父亲的不是，而且极为反感。其父亲听后感触很深。我们婉转提出了本次主要目的，希望家长能树立榜样，用心关注孩子的学习生活。面对老师的真诚，该生的父母触动很大，意识到作为家长的他们，确实对孩子的关心不够，这对孩子的健康成长极为不利。妈妈这方面也表示虽然不住在一起了，但是会多多关注孩子，多去看看孩子。

另外我也鼓励父母看到孩子的成长，尊重孩子的自尊心，信任孩子，了解他的内心世界。只有真正进入孩子的内心世界，才能了解他们丰富的智慧和细腻的内心世界，才能与孩子更融洽地相处。还要相信孩子有独立处理事务的能力，允许并积极邀请他们参与家庭的管理。比如，让孩子利用周末尝试做家长，由他们安排各个成员的活动，这不仅展示了孩子的能力，同时让他们做到了换位思考，加强了与父母的情感。

二是及时与其谈心。利用课余时间谈心——用"赞扬"杜绝"破窗"。我利用课余时间（兴趣活动课等）与小刘进行谈心。谈话内容先从父母谈起，让他先说出对父母的看法，然后我跟他分析父亲脾气暴躁的原因，暗示其父亲已经意识到问题所在，并会慢慢改正，让他心理上能释放怨恨，消除叛逆心理。中学生阶段，学生两极分化趋势明显，与优秀的学生相比，那些暂时落后的学生更需要老师的关心和教育。这时候，肯定、鼓励和表扬显得尤为重要。泰戈尔说："聪明的人懂得如何教育，愚昧的人知道怎样打击。"多找那些暂时落后的学生谈谈心，让他们真正感觉到老师在关心他、永远不会放弃他，这样才能从根本上消除他们的逆反心理，促使其转变。要用积极、鼓励的教育方式代替简单、粗暴的教育方式。学生的心灵是否完好无损，就看教育工作者的态度和维护的技巧了。表扬、赞美是一种认可、一种肯定，更能使孩子朝着积极健康的方向发展。

指导学生如何与父母沟通：帮助他明确只要用心同父母沟通，经常说说心里话，就会避免出现代沟。鼓励小刘要学着从积极的意义上去理解家长、老师，抱着宽容的态度理解他们，还应该把握自己，经常提醒自己，虚心接受老师和父母的教育，遇事要先让自己冷静下来，克制住自己烦躁和倔强的情绪。同时，青少年还要提高心理适应能力，发展自我价值。不可否认，逆反心理也有一定的正面效应，如自我意识较强、勇敢、坚强、好胜、能求异、能创新，还可以防止一些不良品质的形成，如孩子在不顺心受压抑的时候，敢于发泄，不会有畏缩心理，也不会保守、逆来顺受。在充满竞争的年代，我们应善于发现青少年逆反心理中的积极因素，因势利导，培养孩子的健康人格和优良品质。这点难度很高。

三是提议写一封致父亲的信。建议小刘写一封信给父亲，说说对父亲的看法，并表明自己的态度，明确以后的做法和学习的目标。

总之，在教育孩子的问题上，学校和家庭的目标是一致的，所以家校合作就成为教育学生的必然。学生是在学校、家庭以及社会的共同影响下成长的，其中家庭和学校的合作是保证学生健康成长极其重要的条件。

第二节　与家长沟通解决学生早恋问题

2015 年 5 月的一天，课外活动时有两位同学在班里出现早恋现象，被年级组长抓住。

"董同学，你刚才课外活动的时候在班里和陶同学干什么来着？"老师询问着。

"权老师我什么也没干，我俩在教室讨论题被余老师看到了。真的，我们没干什么。为什么要把我们带到年级组？"董同学不高兴地辩解着。

"真的吗？你觉得你什么都没干，余老师可能会找到你吗？"权老师耐心地问道。

"权老师，余老师想多了，我们就是问题，真的没什么？"

"你确定吗？我一直都是信任你的，我现在好好地跟你谈，你如果不信任我，那后续的问题咱们没法谈了。不管有什么问题，只要你能够诚实地告诉我，我一定能够帮你解决。"

"权老师你确定我说了，年级不会处分我吗？"

"人与人之间最起码的是信任，只要你信任我，把事情的前因后果都告诉我，我会替你想办法的。"

"好吧老师，我告诉你，我和小洋恋爱了，我们控制不住自己，只好等班里没人的时候互相安慰对方。"

学生在班级早恋，班主任应该怎么有效和家长进行沟通呢？

在学生出现早恋情况的时候，教师需要从"取证、沟通、对比、优选、关爱"五个方面与家长进行有效的交流，目的是家校合力帮助学生解决早恋的问题。

一、取证：取证求充分

教师取证必须要求从各方面取得能够证明两个人有亲密关系的证据。这些证据必须能够让孩子父母一看就认定，确实两个孩子的问题已经非常严重了。证据要求不同类型。确证来源可以从学生班级的任课教师处，也可以是与这两个孩子要好的学生处，还可以从其他方面取得有关两个人早恋后带来的不良影响方面的证据，如成绩和上课表现等多方的证据。而且证据要确凿，不可是猜想性的，需要事实类的证据。可以是同班同学写的材料，可以是两个孩子亲密接触的视频，可以是两个孩子互传的纸条，也可以是以前教师处理时学生写的保证，或教师之前处理时留下的时间记录。

二、沟通：沟通求信任

教师沟通必须要求建立在家长信任的前提之下。为了让家长信任，教师必须站在家长的立场，沟通的内容必须能让家长感受到，教师不是为了批评家长的不是或为了惩罚学生，或者为了教育家长，而是真正帮助家长一起解决问题。一切工作都是为了家校一起解决问题。可以把给家长看的视频删掉，这样可以最大限度让家长认为教师收集证据的原因仅仅是为了让家长明白学生现在已出现的问题，而不是为了轰走学生。这样才能获取家长的信任。同时，最好是之前与家长在别的方面有过沟通，家长明白教师的立场。

三、对比：经验求对比

教师要用其他学生早恋的情况做对比。对比必须真实。教师需要应用其他学生曾经的经验来作为说服家长做工作的佐证。也可以用这些经验来对比自己的处理方式，目的还是让家长信任你的处理方式，理解你的处理方法是与众不同的，是真正从他孩子的角度出发的。这样有利于最大限度争取家长的配合。

四、优选：结果求优选

教师提供给家长多种不同的处理方法，1~3条最好，让家长优选不同处理结果的方法。这个步骤要求教师必须把可能预想到的处理后果尽可能详细地呈现在家长面前，要求明确告诉不同处理后果可能带来的哪些问题，必须让家长思考他如何选择和配合，力争优选出最好的结果。

五、关爱：学生求关爱

教师必须表现出是关爱学生的。关爱学生是处理早恋问题最主要的因素。教师需要让学生的父母感受到整个处理过程中，教师是关心学生的，是时时刻刻为了学生考虑的。同时，教师要引导家长一定要做学生的朋友，从学生的立场去思考，回家和学生沟通的时候不能够只堵不疏、只沟不通。家长面对这样的问题，后续的处理很关键，教师需要指导家长做后续的具体工作，否则很可能出现前面的沟通和交流都无效，最后把两个学生推得更近的情况。这样的问题也一定要告知父母。因此，教师对于后续的环节要跟进，最好是沟通后的第二天就及时和家长交流，表示对学生的关爱。第二天的沟通可以是电话随访。但第二天必须找学生再谈。本周之内需要再和家长进一步沟通。

其中第一步"取证"环节特别重要，我们需要重视。一定掌握学生的早恋证据，而且证据要充分、要有说服力。本经验在家长能够积极到校交流的情况下可以参考；如果家长不太配合但还是能够来学校的情况下可以变通；在家长浑不讲理的情况下无须使用。

第三节 借助家校共育攻克抑郁顽疾

中学生抑郁现象引起了广泛的社会关注。本节从班主任的角度，对患有抑郁症的学生欣欣的案例进行分析研究，深挖学生抑郁症背后的原因，找准解决问题的措施，巧借家校共育的力量，攻克心理抑郁的顽疾。一方面，在家庭层面，及时沟通，定期跟家长交流，并记录阶段性的成果和存在的问题，讨论哪些措施是有效的和乐于接受的，以期待状况有所好转。另一方面，在学校层面，多管齐下：从各学科角度多鼓励；从班主任角度搭平台；从好朋友角度供温暖；从心理学角度常沟通。在家校共育的过程中，帮助学生逐渐走出抑郁的阴霾，见证学生的成长细节。我们需要借助各方力量鼓舞和唤醒学生内在的愿望、上进心，引导学生提高自我教育的能力。在家校共育的理念下，班主任就像一座桥梁，拉近了家长和学校之间的距离，形成了家校合作的良好氛围，通过真诚的沟通，使教育形成合力，助力学生更好更快地成长。

一、抑郁案例研究背景

欣欣，女，14岁，普通学校初二年级学生。平时不多言，不多语。似乎永远属于沉默的大多数，很难引起别人的注意。

第一次见她是在军训结束时。她是我们班最后一个加入班集体的转学生。她爸爸送她来，她跟在爸爸的身后。爸爸让她向老师问好，她才向老师问好，声音又弱又小。后来家长介绍情况才知道：六年级那年做了脊柱矫正手术，在家休学一年。

再后来，发现她喜欢看动漫书，尤其是日本的动漫。平时喜欢画画，尤其是动漫人物。

有一次上课，偶然发现她的手上有划痕，我心生疑惑。

又有一次，同学发现她的日记本，里面有诡异的画风和绝望的文字，跟家长联系，才了解到她患有严重的抑郁症已经好久了。

如何引导患有抑郁症的学生，成为我研究的新问题。由于没有这方面的经验，我请教了学校的心理老师。在心理老师的指导下，我制定了多管齐下的策略；从课堂抓起，抓住课堂引导的主阵地，积极开展一些适合她的活动，在活动中育人，让她感受到集体的温暖和快乐。观察和研究她在校的表现和她内心未被满足的诉求，及时跟任课老师、家长沟通，重点关注她的状态，希望通过家校共育，引导她尽快走出抑郁的阴霾。

二、学生行为背后原因

（一）沉默的女孩

与她接触的时候，她很少主动表达。大多数时候是我问她答。因为她的到来，是在军训过后，错过了大家一起磨合的机会。作为班主任，生怕她被别人孤立。所以就在第一时间安排了班里两个性格开朗又热情的人跟她一块玩儿。让她在和小伙伴的交往中，感受到集体的温暖和关爱，以及感受到集体的接纳，找到自己的存在感。大家训练咚哒鼓，我也安排她进队伍，希望她能够感受到自己是集体的一部分。只是她的腰部做过手术，不能长时间地挎鼓。休息的时候，她会默默地帮大家整理鼓袋，叠得整整齐齐。沉默不语，好像有很多心事。

（二）诡异的画风

有同学说扫地时无意中发现她掉在地上的日记本，就交给了我。我很震惊，里面的漫画人物，有的戴着面纱，有的手拿小刀，割伤自己，小刀上还在滴血！配的文字多是"我真没有用""对不起！"之类的话。人物是用红笔画的，人物的泪也是红的。凭着直觉，我感到情况可能很严重。于是到会客室，单独找她谈心。把日记本交给她，说明来源。还没问她什么原因，她的眼泪早已夺眶而去，并且泣不成声。看着她难过的样子，我不好多问什么，安慰她说，如果需要老师帮助，随时来找我。在一个沉默的平静的女孩内心，到底发生了什么？到底经历了怎样的困境和挣扎呢？

（三）纠结的父亲

联系到她的父亲，了解了关于她的更多情况，得到了更多的信息：六年级那年做了脊柱的手术，里面打了钢钉。她父亲叹气，个子不能再长高了，有些体育活动也不能参加。——这可能造成孩子的自卑和敏感。

休学一年。在这一年中，性格发生了很大变化，变得沉默孤僻。——缺少和同龄人交流的一年，孩子是怎样的孤单啊。

家境优越，但父母各自忙事业，很少关注孩子。从小是跟保姆长大的，学习生活，都是由保姆来管。保姆换了好几个，有的喜欢，有的不喜欢。——这大概就是孩子缺乏安全感的原因了。

对孩子的期望值过高，家长给孩子每天上好几个课外班，还有人专门给她辅导作业。——这大概就是孩子压力的来源。

爱看漫画，而且她在自己的胳膊上划了很多伤口，看到她这样，又心疼，又无能为力。——漫画里会不会有导向性？

最近的状况越来越严重了。一个特殊孩子的背后，总会有一个特殊的家庭。遇到这种心理问题，作为班主任，这方面的知识储备有限。于是我想到向心理老师求助，寻求适合的策略。

三、心理修复的具体措施

求助学校的心理老师贺泽行老师，他给了专业的解答。他指出这是典型的抑郁症的表现，而且已经很严重，她在家庭中缺少安全感，对生活感到厌倦、找不到生活的意义和价值。针对她的情况，我们要细心观察，可以多引导，多让她参加各种活动，帮助她让她寻找生活中更有意义、更有价值的事。

在心理老师的指导下，在家校共育方面，我制定了以下策略。

（一）家庭层面，要关注并及时提醒

在学校细心观察，及时跟家长联系沟通。建议家长，在这种特殊情况下，可以适当给孩子先减轻课外班的压力。让家长了解孩子的爱好，并参与到孩子的爱好中。例如，孩子喜欢动漫，建议家长带孩子一同去看动漫的电影、电视剧或者给孩子买一些这方面的书；家长自己要加强学习，可以和孩子谈论共同的话题，以避免家长和孩子除了谈学习没话说，走不进孩子的内心世界。如果家长发现漫画中有不良的引导倾向，也可以及时给孩子指出，这样避免孩子走入歧途。在孩子成长的过程中，尽量参与进去。孩子喜欢猫，家长就帮孩子养只猫，这样让她的心理有一定的寄托和爱好，心理学家研究表明，宠物对情绪有很好的治愈作用。孩子高兴了，自然就不会抑郁了。

借助微信群、朋友圈，我了解到她喜欢吃的美食，给家长推荐。借此拉近家长和孩子的距离，这样不但可以找到更多的共同话题，更好地跟孩子交流，还可以起到很好的疗愈作用。父母对孩子的爱，要让孩子感受到。通过各种方式，可以让她转移自己的抑郁情绪，美食宠物、动漫、旅游都可以满足孩子内心的某些诉求，让孩子感受到生活的美好。心情好了，抑郁情绪自然就远离了。

定期跟家长交流，并记录阶段性的成果和存在的问题，讨论哪些措施是有效和她乐于接受的，以期待她的状况有所好转。做到家校共育，两手抓，两手互相促进，配合取得更好的效果。

（二）学校层面，要多管齐下

第一，各科老师要多鼓励。跟各科老师单独打招呼，提醒重点关注她在课堂上的表现，鼓励她多发言，对她好的表现，及时鼓励表扬，做正向的反馈，让孩子找到价值感。让她意识到自己非常棒，自己被老师和同学欣赏。

第二，班主任要搭平台。针对她擅长的方面，给她搭建平台，给她展示的机会，让她的才能绽放光芒。如戏剧的表演邀请她扮演角色；在课堂展示中，及时表扬她的作品亮点；在作文的点评中，她的好作文被作为优秀作文来读给大家听。

第三，好朋友要提供温暖。重点关注几个和她有同样爱好的人，让她们形成以爱好为中心的小圈子，让她们多交流。还特意嘱咐几个善解人意的女孩子，每天带点小零食、小糖果,大家共享时,要给她一份,痕迹不要明显,要做得自然。让她感觉到集体的温暖,感受到大家对她的喜欢。在这个阶段的学生,同伴的鼓励和影响,远远超过了家长和老师的影响。在和谐和充满关爱的环境里成长,相信她会慢慢变成这样环里的一部分。

第四,从心理上要常沟通。贺老师是我们班的心理老师,我们会定期交流欣欣同学的变化和相应的措施的调整。

作为班主任,我也参加了很多心理学方面的培训,在尊重孩子、加强沟通以及个性化辅导方面,自己的管理能力有了新的提升。

第五,在选修课方面要展特长。学校开始了各种选修课,她选择了自己喜欢的茶艺课、声乐课。

她在这些选修课上表现突出。在声乐合唱中,她穿上漂亮的蓝白相间的裙子,像个小仙女一样唱歌,和她的小伙伴们,仿佛乘着歌声的翅膀在飞翔。她沉浸在悠扬的歌声中,我想,抑郁之情早已跑到九霄云外去了吧。古人说的乐以忘忧,大概就是这种情形吧。

四、成长细节点滴可见

(一) 一块宣传板

她为班级设计的展板,非常有创意。我当时把任务交给她时,特意征求了她的意见,我问她能不能完成任务?她说能,并没有多说什么。但是作品出来,非常惊艳。青花瓷的底色,端庄大气,低调内敛,一如她本人的性格,内秀而不张扬。独创性还体现在她设计了一个天平。画面上是一位老师手持天平,天平的两个托盘上,是一个男孩和一个女孩。我问她是什么意思,她说体现了班级的特色。老师对待学生公平公正,对班里的管理,讲求方法,一切都很有章法,体现了班级的"法"文化。她的细心观察、敏锐的感悟都让我心生佩服。

在开班会时,她的作品作为一个亮点,我做了点评。同学们也指出,这体现了我们班的鲜明特色。她的工作得到了大家的高度认可。

在家长会上,我特意展示了她的优秀作品,并且叮嘱她爸爸,一定把所有赞美的话,转达给孩子,并且转化为家长自己赞扬的话。不要吝惜溢美之词,这些对她建立自信,感受成功,收获荣誉至关重要。

(二) 一个值周生

学校值周时她主动承担最艰苦的任务。在校门口值周站岗。冬天已经很冷,寒风吹来,早上6:50到位,我看到她穿着整齐的校服,挂着绶带,笔直地站在大门口,跟另外三个值周生一起迎接老师和同学的到来，冬日的暖阳照在她面带微笑的脸上，我不知道此刻她的感受，但是我从她大声的"老师好"中感受到一个孩子的传递出的温暖和坚定的力量。

（三）一盏工夫茶

元旦联欢会，她表演的节目是茶艺。她特意带上各种器具，穿上漂亮的衣服，伴随着古朴的音乐，她的纤纤细手，饱含深情地投入到茶艺当中，动作优雅，凝神专注，她在用她的巧手、用真心、用深情、用厚爱为大家泡上工夫茶。她把第一盏茶恭恭敬敬地献给我，微笑着对我说："老师请用茶，谢谢您！"然后，又给全班的同学分享了泡好的茶。品着这工夫茶，苦涩中带着香味，大家品着这浓郁的茶，茶香沁人心脾，似乎都醉了。

现在的欣欣已不同往日，脸上的笑容多了，课间和同学的交流多了，主动表达自己观点的时候多了，主动承担班级的任务多了。看得到她渐渐摆脱抑郁的侵袭，渐渐融入集体之中，其乐融融，毫无违和感，正如一滴水融入大海，永不干涸。真为她感到高兴。

结语：

"不能把小孩子的精神世界变成单纯学习知识。如果我们力求使儿童的全部精神力量都专注到功课上去，他的生活就会变得不堪忍受。他不仅应该是一个学生，而且首先应该是一个有多方面兴趣、要求和愿望的人。""教育技巧的全部诀窍就在于抓住儿童的这种上进心，这种道德上的自勉。要是儿童自己不求上进，不知自勉，任何教育者就都不能在他的身上培养出好的品质。可是只有在集体和教师首先看到儿童优点的那些地方，儿童才会产生上进心。"苏霍姆林斯基的教育心得对今天从事教育教学的我们仍然很有启发意义。德国教育学家第斯多惠说："教学艺术的本质不在于传授本领，而在于激励、唤醒、鼓舞。"

在家校共育的理念下，我们需要借助各方力量鼓舞和唤醒学生内在的愿望、上进心，引导学生提高自我教育的能力。在家校共育的理念下，我们一直在路上，一直在探索，一直和学生、家长一起共同学习。在家校共育的理念下，班主任就像一座桥梁，拉近了家长和学校之间的距离，形成了家校合作的良好氛围，通过真诚的沟通，使教育形成合力，助力学生更好更快地成长。

第四节　从关注成绩排名到关注心理健康

作为初一（5）班的班主任老师，我遇到的困惑，也可能是大部分班主任遇到的普遍性问题，即家长对孩子的评价"唯成绩论"，这突出体现在家庭教育中。第一学期期中后，我对学生做过一次调查，结果显示，"家长最关心你什么"这一问题，超过80%的学生认为父母最关心自己的学习成绩，只有不到20%的家长关心孩子的生活困惑及人际交往。父母关心孩子的成绩无可厚非，但只关注成绩势必引起孩子的逆反和厌烦。这一典型例子就发生在初一（5）班小王同学和她的父母身上。

从后来的了解中得知，小王同学从小生活在一个单亲家庭中，一直由母亲带她学习生活。进入初中后，孩子不愿和母亲交流，甚至拒绝母亲教育，不来上学，自己跑到另一个家中把门反锁起来，父母敲不开门。我从家长那里了解了一些情况，开始与家长和学生交流。

小王的家长，之所以与孩子如此僵持，主要是因为其把学习成绩作为评价孩子的唯一标准，把学习当成孩子生活的全部，一看到孩子和同学交流或出去玩，就很生气，批评孩子，从而造成对孩子需求和发展的忽视，更是对孩子成长的无视。

于是我开始与家长交流，把这一阶段的孩子的特点讲给她听。

大部分学生不喜欢父母整天盯着自己的学习，他们希望父母看到自己的特长，给予他们支配时间的自由。同时，学生情绪低落、失控，甚至产生轻生的念头，这些心理问题的主要来源都是学习成绩不尽如人意。"成绩唯一"，学习必然成为唯一的生活内容，生活如此单一枯燥，孩子如何热爱学习，学生会对自己失望、会质疑自己的能力，甚至会觉得生活无望，您认为孩子衣食无忧，只要把学习成绩提高就好了，其他的事情不需要想。这恰恰是您与孩子之间的鸿沟。

我引导家长从孩子身心成长规律出发，从孩子心理需求出发激发潜能、提供帮助，促进孩子的自我成长。

对于小王同学，我从发现她的特长开始，挖掘她身上的闪光点，让她感受到自己的价值，感受到在班集体的分量。我让她负责班级中队工作，从每天检查同学们的红领巾开始，到班级同学进行讲评，她越来越喜欢为班里做事。年级举办语文综合活动，因为她擅长朗诵，我推荐她参与大赛，荣获大奖。在年级活动中推荐她做主持人，在活动中她越来越自信。

家校共育是班主任工作亟待突破的难题。首先双方达成教育观念的共识，即家长和老师应以学生成长为共同的教育目的。关注学生成长，不仅要聚焦学业，更应着眼学生的素养发展和心理健康。

为此，我在与家长共育学生的过程中，总结了以下方面，供大家参考。

一是帮助家长转变教育观念。家长如何学习做家长，是容易被忽视的问题。班主任要了解学生特点，关注班级群体，从学生成长出发，给予家长科学的教育观念引导，让家长了解孩子除学习以外的生活，看到孩子学业以外的能力和特长，增强家长对孩子进行多元评价的信心。

二是赋予家长多重角色。随着年龄的长大，学生独立意识越来越强，对家长的说教比较反感，希望有更多独立自由的空间。同时，家长与孩子之间交流减少，关系亲密度变小。难为不是不能为，关键在于我们是否切中"要害"。"唯成绩论"除了告诉我们评价单一的问题外，也预示着家长角色意识单一，更多把自己定位于孩子学业的监督者。所以，班主任可以组织家长参与孩子的实践活动，丰富家长的角色。诸如公益活动、研学考察等，让家长由监督者变成陪伴者、指导者和助力者。

三是提供交流平台。许多家长尤其是管控型家长，会在孩子日渐成长中惶恐不安，觉得孩子距离自己越来越远。班主任应理解家长，同时也要给家长提供了解孩子的机会，让亲子关系得以良性发展。班主任可以提供对话平台，让家长和孩子互相了解，建构互相尊重、平等、信任的亲子关系。例如，有的班主任通过"家书"活动让家长和学生互诉衷肠，通过网络平台开展"节庆日"祝福语活动，提升学生的感恩情怀，还有的班主任通过论坛进行家长、学生、教师三方对话，解决矛盾。

四是在实践中，班主任更应侧重学生思想的引导、情感的建构。今天的孩子在宠爱中长大，很少也很难回应这种感情。案例中的班主任在学生表达困惑时，还应引导学生看到父母的初心，教会他们表达情感。比如，如何与父母交流、与他人沟通，这不仅解决了日渐疏离的亲子关系问题，更提高了学生的人际交往能力，使学生获得社会性角色的真正发展。

案例呈现的似乎是一个小问题，但面对越来越多的"问题学生"和学生问题，班主任确实应正视自身的教育行为，以学生发展为教育目的，从小问题中追溯原因，找寻破解之道，达到真正有利于学生发展的教育效果。

第五节　克服心理障碍有途径

青春期学生面临不同心理情绪产生的不良影响，容易产生心理障碍。家庭和校园生活是学生生活的重要组成部分，两者相辅相成，共同影响学生心理健康的发展，家校共育才能更好地促进心理障碍学生的发展。本节对家校合作促进心理障碍学生发展有效途径进行探究。

青春期的学生由于身体与激素的变化很容易导致心理发生变化，不良的家庭教育环境会激发学生的不良心理状态，而校园生活是学生在上学期间最主要的生活方式，所以家庭教育和校园生活都是改善学生心理状态的必要组成部分，需要家校相互配合才能更好地促进心理障碍学生的发展。

一、构建良好的沟通渠道

想要缓解学生心理健康问题，促进学生更好地恢复到正常学习生活中，首先要清晰全面地了解学生当下的心理状态，而想要全面了解学生当下的心理状态，最重要的就是和家长建立良好的沟通。

与家长建立良好的沟通，老师可以准确地了解学生近期的生活状态，以及学生的成长环境和背景，方便老师综合分析学生不良心理状态的成因与背景，对症下药，使学生的不良心理状态更快地得到缓解。而家长也可以通过与老师的交流，了解学生的校园生活情况，发现学生的异常心理行为举止，积极配合学校工作，让学生能更好地接受相关辅导及治疗，及时纠正不良心理问题。

而构建良好的沟通需要两方面相辅相成。首先需要长期的家校信息互通。良好沟通关系的形成不是一蹴而就的，需要长期良好沟通的叠加，这就需要学校加强日常与家长的联系。现阶段是信息化社会，学校可以搭建信息公众平台，及时发布学校动态。班主任可以搭建班级圈子，分享学生学习以及生活成果，让家长更清晰地了解学校和老师为学生提供的良好学习环境，增加家长对学校的信赖，为良好的家校关系打基础。其次是良好沟通技巧，遇到问题需要家长配合时，要让家长成为我们的伙伴，给家长最大的自尊，保持边界，不触碰隐私，激发家长的求助动机，让家长能够更好地配合我们的工作，共同帮助学生发展。

二、优秀心理教育资源的共享

由于家长的教育背景不同，导致家长的文化程度也参差不齐，尤其是在应对学生不良心理状态方面的知识了解甚少，这使得家长在面对学生心理问题时无法及时作出应对措施，造成学生不良心理状态的不断恶化，导致无法补救的后果，所以对家长心理知识的普及是非常重要的。而因为资源受限，家长能接受专业心理知识培训的机会较少，无法系统学习相关知识，所以学校为家长提供相应心理教育资源是必不可少的。

学校可以定期组织心理教育讲座，邀请家长参会，并组织家长会后交流与讨论，引导家长正确认识学生心理健康的重要性，提高家长的心理知识技能。学校也可以向家长推荐优秀心理教育资源网站，让家长自行浏览，不受时间空间的限制，随时提高心理素养。还可以调动家长的资源，让有关家长提供有效知识资源，形成家长间的资源共享，丰富学习资料素材。另外，可以组织家委会成员根据学校提供的知识素材，开展班级内部家长的知识小班学习，家委会组织培训和学习，家长之间相互督促，不断提高家长的素养，也让学生拥有更良好的家庭教育环境。

三、心理咨询平台的有效使用

遇到具有心理障碍的学生，良好的心理辅导才能使得学生的心理状态得到很好的缓解。学生最主要的学习生活是在学校中进行的，学生遇到问题时接受到的首要辅导来自学校，所以学校应及时给予学生和家长专业的心理辅导，这就要求学校完善校内的心理辅导机制，提高学校教师心理辅导技能，发挥教师的指导作用，体现教师在家校共育上的优势，弥补学生在不良家庭教育中的缺失。

在学生具有严重的心理障碍时，学校的心理辅导是不够专业、系统的，学生需要更加专业的心理咨询与辅导，学校应给予家长相应的帮助，扫除家长对专业心理咨询的偏见与困惑，帮助家长向更加专业的心理咨询机构寻求帮助，让学生的心理障碍得到有效的治疗，帮助孩子回归正常的学习生活。

四、开展相关亲子活动

大部分学生的不良心理状态来源于不良的家庭生活环境，良好的亲子关系有利于学生心理问题的缓解，所以帮助家长建立与孩子之间的良好亲子关系是十分必要的。

学校可以在开展学生活动时邀请家长参与，让家长更加了解学生的学习生活状态，让家长更多地参与到学生的学习生活中，增加对学生的了解，增多家长与学生的沟通话题，同时也增加家长对学生的理解，减少家长与学生之间的矛盾。学校也可以开展促进亲子关系相关活动，通过活动增加家长与孩子的感情，增加家长与孩子的相互配合与信赖，缩短之前家长与学生之间因为隔阂而产生的距离感，让学生感受到来自家长的关心与爱护，促进学生以健康积极的态度看待问题，远离不良情绪，促进学生健康心理状态的形成。

五、促进家长间的交流沟通

因为经验不足，家长对学生心理状态缺少认知，导致家长对学生不良心理状态产生焦虑，从而使学生的不良情绪得以加重，而家长们面对的学生是同一年龄段，所面临的问题是相似的，家长之间的交流会使得家长意识到问题的普遍性，从而减轻焦虑。同时家长之间可以经验共享，这样就使得家长们可以相互借鉴，取长补短，更有效地改善学生的状态。这就要求学校帮助家长间建立良好的沟通与交流，学校可以组织家委会进行年级的交流会，使得家长跨班获得更多的交流。同时班级内部也应该提供家长相互交流的平台以及方式，鼓励家长相互沟通交流，经验共享。也可以邀请有经验的家长进行总结和分享，让其他家长可以增加经验，给学生提供更好的教育方法与方式。

学校的引导与支持，家庭的理解与配合，对有心理障碍的学生的发展都是必不可少的。只有学校与家长的通力合作才能更好地帮助学生远离不良情绪，引导学生积极地面对生活，形成健康的心理状态。而有效的家校共育途径会使学生心理转变过程更加有效与快速。

第六节　八步走出低落情绪的陷阱

这是一个非常普通的早上，我提前来到教室准备上课，发现学生健明趴在桌子上，没有做课前准备。随着我目光的定格，学生田××、张××盯着我，似乎有话要说。我若无其事地走向健明，示意两个学生写下来。"老师，他哭了""今天早上一直没说话"，我点点头表示知道了。"大家把教材打开，梳理一下上节课的内容，"我边说边来到健明桌前。"怎么了，身体不舒服？""没有。"他头也不抬地回了我一句。"我要讲课了，你能坚持吗？""没事儿，您上课吧。"我开始上课，一边观察着他的举动。"唉！"耳朵里传来一声长叹，健明抬起头，双手使劲搓着脸。"同学们翻到第46页，阅读探究材料，讨论一下材料反映出什么经济现象。"随着讨论声起，我巡视着，"溜达"到健明跟前。"要是感觉不舒服可以到隔壁教室坐一会儿，喝点水，休息一下，"我压低声音说。"老师，我想去厕所。""好的。"我很平静地随口应着，健明也假装没事人似的走出了教室。

这样的情况其实并非个案，人受性格和外部环境的影响情绪非常容易波动，特别是处于青春期的学生。那么，如何引导学生尽快走出情绪低谷呢？我们可以尝试着遵循以下"八大步骤"进行处理：一冷静、二认同、三换位、四了解、五询问、六倾听、七协商、八建议，以疏导情绪，缓和紧张气氛，取得事半功倍的效果。

一冷静：遇事不激动。

无论当时情况如何，教师自己要保持冷静头脑以控制形势的发展。首先不要以学生平时的表现主观臆断其当前的情绪是否为恶意，即不戴"有色眼镜"。告诉自己学生心里难受，像自己孩子一样值得同情和理解。告诉自己应该帮助他，而不是因为影响了自己就心生厌烦。深呼吸让自己心情平静。

二认同：理解其感受。

每个人都希望自己快乐，所以学生情绪低落必然有其原因。首先要接受他当前的情绪，这样才能做到心平气和，真正认同其感受。

三换位：建议换空间。

情绪低落可能有孩子不愿说的原因，老师要心态平和，不要急着立刻现场解决问题，首先要表达自己对孩子情绪的理解，然后建议学生换个环境平复情绪。

四了解：了解其状态。

不要急于解决问题，先向其他人了解学生近期状态（如与其他同学关系，与家长关系，家庭的状况，学生的性格特点，学生的优点与忌讳），尽可能多的掌握学生情况，以全面了解学生，做到有的放矢，说到孩子的心坎里。

五询问：询问其感受。

经过冷静，学生的情绪应该发生了一些变化，要从关心学生的角度去询问，而不要让学生觉得老师是出于好奇或直接为解决问题，更不能让学生感受到老师是出于"功利心"才找其谈心，即老师的真心最重要。如给自己和学生一杯水，和学生平等地坐下来，放松心情。

六倾听：倾听其故事。

倾听要真诚，以点头或认同的语言简单表达自己的"感同身受"，尽量少插话。在倾听过程中要默记某些要点。其实学生有时只是需要倾诉，学生倾诉后再次询问其感受。

七协商：协商找办法。

有些事情只需要倾诉不需要具体的解决方法，所以在解决问题的选择和方式上要与学生协商，尊重学生的看法。可以讲发生在自己身上的故事及比较成功的做法，引导学生换位思考和寻求更多的解决问题的方法。在解决过程中关注学生的情况，要将解决的进度、遇到的问题等与学生进行沟通，让学生感受到老师的真诚。

八建议：建议早沟通。

此情绪问题解决，与学生建立了相对更加信任的关系后，建议学生以后遇到事情可以找老师商量或倾诉。

其中，第一步即"冷静，遇事不激动"是最难的。教师工作具有反复性，学生问题也具有反复性，长此以往难免会对某些学生形成"成见"，遇到"问题学生"很容易主观臆断，从而情绪激动，做出错误的判断和处理。"冲动是魔鬼"，是矛盾激化的根源。因此，要平和地看待学生的问题，平等地对待每一个学生，避免"冲动的惩罚"。

第六章 关爱生命营造成长氛围

营造良好的学习环境和成长氛围是学校教育的根本保证，营造良好家庭氛围也是学生健康成长、快乐学习的重要条件。教师和家长需要以宽容、公正的态度对待学生，建立和谐的师生关系和亲子关系。要关爱每一位学生，把学生作为自己的朋友，去尊重、关爱学生，走进每一位学生的心里。教师和家长只有关爱学生，师生关系和亲子关系才能和谐融洽，在这样的氛围中学生才能健康成长。

第一节 家校社一起打造育人环境

在社会环境日益复杂的当今社会，单纯的学校教育很难满足确保学生身心健康发展的需要，随着时代的发展，学校、家庭、社会必须携起手来，构建三位一体的育人网络。社会是育人的大环境，家长是孩子的第一教师，是孩子人生观、价值观形成的主要影响因素。

在初一开学第一天，班上的一个男孩就引起了我的注意。他热情、胆大，面对完全不熟悉的环境，其他同学都是在"低调行事"，可他却完全相反，与同学和老师主动交流，乐于帮助大家做所有事情。当时自己心里很开心能有这样一个学生，所以就决定多观察多留意，看他是否能被发展成班委。

开学第一周我就发现他迟到三次，第二周依然如此，感觉一定有问题，就找他了解情况。原来是因为家长要求他早上要在家上一节早读才能到校。知道了问题所在，就跟他谈上学迟到的利弊关系，好的是他接受了，并且我也告诉他回家怎样跟家长交流此事，从后来的表现来看这个问题解决得还不错。但从这一件事情上让我看到他和他家长的不一般，一学期的接触也确实证明了这一点。

一个问题解决了，可是新的问题马上一个接一个的来了。首先我发现他自习课说话严重，多次违纪，任课老师反映十分影响课堂纪律，周围同学多次反映他影响别人学习。还有他总习惯抢答老师问题，常常是老师没问完就急于回答，所以经常回答错误，以至于全班同学都不太喜欢他。问题出现得越来越多，让我感到这一定是一个需要更多关注的学生，他的背后也一定有一个不寻常的家庭环境。

随着家校沟通的不断深入，我了解到这个学生的成长环境确实有点不太一样。他出生于军人家庭，家庭生活条件也不错，父母对他很负责，也有较高要求。他说他从来不怕任何人包括老师，但怕他爸爸，所以在以后就更多地聊他跟他爸爸之间的事情。通过聊天得知，他每天放学回家要抓紧完成爸爸布置的作业，早上要在上学前完成爸爸规定的早读。他也流露出他在家很紧张但是在学校反而很放松的思想。我终于明白了他为什么喜欢说活、喜欢表现，他把学校当成了他放松、发泄、寻求认可的场所了，了解了这些，我就知道该怎样去帮助他了。

在我第一次跟他家长沟通的时候，感受到的是对学校的不屑，他也跟我表达出，小学时孩子的学习基本都是他在家教出来的，他感觉在学校学不到什么知识。由此我明白了为什么孩子放学后必须先完成家长布置的作业后完成学校作业，必须在家上早自习等这些做法了，也完全明白了孩子为什么喜欢在课上说话，因为他回家没有机会说话，为什么想在学校放松，因为回家后总是很紧张。

我把孩子在校的表现和问题反馈给家长，这位爸爸很诧异，不相信这是自己孩子，从没想过自己孩子在学校会是这样。我让家长思考为什么会这样，但他一直找不到原因。我针对孩子的问题逐一帮助家长分析，把每个问题都找到它的根源所在。最后家长说，所有的这些问题真的颠覆了他的所有认知，问题很严重，希望我给他一些建议。我的建议就是想要改变孩子先从改变自己开始。在家给孩子一些时间和空间让他体会放松，让他有表达情绪和发泄的权利；增加一些亲子时间，让他在家能够获得认可感，让他感受到他人的认可不是刻意追求得来的，而是在自己做好自己的前提下，自然而然获得的。这位家长不断地调整自己的做法，而且还在改变自己的同时，默默地引导孩子改变。我们经常沟通，通过我提供的孩子在校表现，结合我的建议，这位家长在家很好地调整了与孩子的相处模式。经过近两个月的不断沟通，这个学生迟到没有了，各科作业都能按时按量上交，课上抢答问题的次数明显少了，自习课的纪律也好转了很多，同学们也不再反映他影响课堂纪律了。在最近一次我与家长的沟通中，这位爸爸说："老师，这一段时间与您的接触，我感到以前很多观点都是错误的，在管理孩子的问题上，我走了弯路。幸好您及时地帮助了我跟孩子，学习上我看到您对知识的深度和广度处理都很到位，所以以后我会让孩子以学校学习为主，不再是以我辅导为主。"听到这些话，看到孩子每天在学校开心地与同学正常交流，我内心无比幸福。

社会在发展，时代在进步，学生要全面发展，学生的教育也要全面教育，仅靠学校教育是万万不行的，来自家庭的影响教育在现代教育中日益突出，所以家长的教育观要更新要提升。庆幸的是学校、社会都关注到了这一点，所以线上线下，为家长提供了很多学习的平台和机会，这也为家校共育提供了很好的根基保障，保障每位学生都能在更好的环境下健康快乐地成长。

第二节　提高教育幸福感

家校合作，一直是教育界存在的重要问题，如何促进家校合作，寻找有效的途径，是目前研究的重点。本节立足于家校合作的主体与教育的真谛，通过分析家长和学校，提升二者幸福感，促进家校合作，实现共赢。

教育是一种影响人身心健康的活动，最根本的目标是通过教育，提高人的综合素养，促进人的全面发展。家校合作，作为一种教育方式，主要是指通过家庭和学校共同参与学生学习的过程，使学生更好地成长。由此可见，家校合作应该尊重教育的本质和价值。教育的价值，主要体现在两个层次：精神层次，直接通过教育丰富人的精神世界，提升人的精神品质，培养正确的价值观、人生观和世界观；物质层次，通过教育所学到的知识以及方法，获得更好的工作和更高的收入。教育是培养人幸福感的重要途径。

一、提升家长幸福感，促进家校合作

家庭教育对于一个人的成长至关重要，家庭环境、家庭氛围和家长素养都是影响家庭教育的重要因素，这也是家校合作的缘由。尤其是家长，作为家校合作的重要主体之一，家长是否认同和理解家校合作，家长是否愿意参与和支持家校合作，家长是否在参与家校合作过程中获得幸福感，提升自我，是促进家校合作的重要动力。

第一维度，如何使家长认同和理解家校合作。必须向家长明确家校合作的重要性。大部分家长认同和理解家校合作，但是并没有清晰的认识，而且某些家长对家校合作的理解存在偏差。尤其是以为教育只归学校管理的个别家长，认为家校合作只是学校推诿教育责任的借口，毫无意义还占用时间和精力。所以，针对现状，必须充分利用一切平台和机会，纠正家长对于家校合作的定位，形成正确认识，武装思想头脑。例如，可以进行不定时的讲座培训，条理清晰地向家长解释家校合作已经成为政策和法制的一部分。美国、英国、澳大利亚、瑞典等一些国家已经将家校合作制度化，美国现行的《初等和中等教育法案》规定家长必须全面和紧密参与，有义务配合学校教学。我国在 2010 年《国家中长期教育改革和发展规划纲要（2010—2020 年）》中有 5 处提到家长参与家校合作，2012 年《教育部关于建立中小学幼儿园家长委员会的指导意见》，更是国家层面出台的第一个专门

规范家校合作的法规。教育部基础教育司 2019 年工作要点中明确提到 "密切家校合作，营造协同育人良好环境"。家长必须摆正自己的态度，家校合作已经是大势所趋，并不是学校过分要求家长参与学生的学习生活。

第二维度，如何使家长参与和支持家校合作。认同和理解是在思维层次认识到家校合作的重要性，认识的最终目的是归于实践，家校合作需要家长的积极参与。目前的一些研究表明，很多家长愿意支持家校合作，但是却存在不知道如何作为的问题，认为自己在家校合作过程中只能以一种被动的姿态配合教师要求。首先，必须改正家长被动的思维，家校合作主要是通过家长和教师相互配合，二者处于平等地位，家长可以向教师提供学生在家里的表现，教师可以和家长共享学生在学校的表现状态，互相讨论，互相研究，这都是为了一个目的即学生的成长与发展。其次，家长完全可以充分发挥自己的优势，主动联系教师，深入参与班级学习生活，不仅仅停留在表面性事物沟通；家长可以自发举办丰富多样的主题活动，作为活动的发起人和策划者，邀请学生和教师参与，就家长本身注重的自信、合作、交际、习惯等问题融入寓教于乐的活动中，既彰显了家长对教育的思考，又加深了家长和学生、教师的联系。关于家长如何参与家校合作，需要对家长进行专业化知识讲解，并且选出家长代表配合教师工作，落实到实际行动，积极鼓励与支持家长化被动为主动。

第三维度，如何使家长在参与家校合作过程中获得幸福感，提升自我，是促进家校合作的内在动力。家长参与家校合作已经不是履行义务，而是自我享受和获得幸福的一个过程。无论是家长明确家校合作的学习重要性，还是落实到实际行动的主动参与，都在过程中表现自我，得到了自我提升。与教师、家长的频繁交流，提升自我的为人处世能力；与班级学生积极互动，焕发青春活力，拉近与孩子的距离，相互尊重和相互热爱。不同的家长有不同的奇思妙想，家长就像一座丰富的矿产资源，等待着家校合作这个铲子去充分开采和挖掘。在家校合作中，家长也期待自己可以发光发热，在此实现自己的另外一种人生价值，获得持久的幸福感。家校合作，必须充分尊重家长的主体地位，满足家长的需求，达到与家长共同成长的目标。

二、提升教师幸福感，促进家校合作

教师，作为家校合作的重要主体之一，参与过程中能否获得幸福感，是决定教师以什么心态承担家校合作的责任，以什么方法进行家校合作的工作，家校合作最终呈现什么样效果的内在因素。教师群体的普遍素养较高，希望实现个人价值与社会价值的统一，如何提升教师的幸福感，一是尊重与理解教师的教育理念；二是培养和提升教师的专业能力；三是共创教师和家长共赢的局面。

　　尊重与理解教师的教育理念，是促进家校合作的重要途径。联系具有多样性，不同的教师主体有不同的教育理念，有不同的教育方法，同一教师在面对不同的学生因材施教，也有不同的教育态度。部分家长因对自家孩子的关注，可能会出现对不同教师、同一教师对不同学生教育理念进行比较的行为，有的甚至会进行投诉，在一定程度上严重挫伤教师的积极性。首先，教师应该承担一部分的责任，反思自己的教学理念是否正确，教学经验是否充足。其次，也是最重要的因素，很多学生往往是家庭的独生子，家长过分溺爱与包庇学生，对于自家孩子要求很低，但对于教师这一职业要求严苛，上纲上线，常常站在教师的对立面，与教师无法做到同心同向，加重教师的思想压力。教师要"为人师表"，教师要"无私奉献"，教师虽然传道解惑，但教师也需要认可尊重，才有更大的激情投入教育事业。家校合作，是家长与教师相互认可和尊重。家长对教师教学理念的肯定，是家校合作的基础。

　　培养和提升教师的专业能力，是促进家校合作的重要保障。家校合作，具有自己的客观规律，要求教师必须具备交流与沟通、创新与协调、组织和调动的能力。必须对教师进行不定时、长期家校合作的专业知识的培训与学习，提高家校合作的专业能力，包括学校领导、班主任和任课老师。"打铁还需自身硬"，面对不同的家长，进行不同的分层分类，具体问题具体分析，提出不同的要求，提高效率。例如，可以以学生成绩的高低分类。对于成绩优异学生的家长，要求是家长保持对孩子的鼓励与支持，重视拓展孩子的知识面；对于成绩较差学生的家长，要求是帮助和监督孩子养成良好的学习习惯，注重对基础知识的记忆。可以以学生家长的性别进行分类，教师与男性家长沟通应该直截了当，提出建议，与女性家长沟通应该委婉含蓄，讲究策略。总而言之，教师必须做到一切以时间、地点和条件为转移，充分发挥主观能动性，不断实践与创新。

　　家长与教师是家校合作的两个重要发力点，家长尊重教师，教师提升自我，家长与教师同心同力同向，呈现的结果一定是家长、教师和学生的共赢。教师与家长携手，共同创新家校合作的理念和方式，家校合作不再是二者共同的负担与任务，而是二者增加感情与交流的重要平台；家校合作的形式不再拘泥于家长会、电话微信沟通、培训讲座等旧形式，而是可以充分利用家长不同的资源与智慧，有所创新，提高效率。家长和教师，共同陪伴学生的成长，在此过程中得到他人与社会的尊重与认可，实现自我价值，增强获得感与幸福感。良好的家长和教师关系，有利于对学生情况做到全面系统的分析，发挥优势，克服劣势，真正促进学生的全面健康成长，实现教育的真谛，即家校合作的根本目的。

第三节　"焦点解决" 激活教育磁场

推动摇篮的手，也推动国家的发展。家庭教育是人成长的根本，家庭教育是"培根教育"。影响孩子成绩的主要因素不是学校，而是家庭。成绩好的孩子，妈妈通常是有计划且动作利落的人；父亲越认真、越有条理、越有礼貌，孩子成绩就越好。如果家庭教育出了问题，孩子在学校就可能过得比较辛苦，孩子很可能会成为学校的"问题儿童"。这个情况，完全符合同学小田。

小田在小学低年级时，爸爸因严重车祸，在医院里辗转了两年多。这期间，妈妈不得不一边跑医院，一边去打工养活一家人。小学二年级的小田，就成了自理儿童。他学会了自己上学，自己给自己煮面条，然而学习却慢慢落下了。没有父母的陪伴，小田变得散漫，不喜欢学习，上课好闹腾，家庭作业几乎不完成。

就这样，他上了中学。

中学分到我们班。上课睡觉，遇到感兴趣的话题大声嬉闹，对老师和同学的管理不理睬；作业不交，随时离开座位，抢同学东西。与家长沟通，家长很烦躁。一是认为他家孩子不可能这样，二是认为老师多事儿，挑他家孩子的理儿。想约家长来校，家长说她很忙，请假会被扣钱，这个月因为跑医院复查已经多次请假云云。想借助家长的希望破灭了。

得不到家长的配合，我只能一点一点在小田身上下功夫，但收效甚微。

学校邀请社科院心理研究所给老师做心理辅导，我感觉找到了那根"稻草"。我和科任老师在学校心理咨询阳光房对孩子进行了近一个小时的心理访谈和疏导。我们用科学的方法，用心用情不用力，陪着小田去"散步"。在平等、理解和尊重当事人的前提下，用流动的对话打开孩子的资源宝库，"我很好奇""我想知道"……去真正了解孩子的需求和诉求。"假如你这样能成功，你会怎么做？""如果……你给自己打多少分？"用"刻度尺"小步探寻帮助小田建立自信。激发希望，确定目标，探寻他对未来的梦想。

孩子有了明显的变化。我们把孩子的变化发微信告诉家长。家长似乎也愿意和老师沟通了，并相约见面聊一聊。

在"焦点解决"良策的帮助下，在充分尊重理解家长的前提下，我们与家长推心置腹地沟通，设身处地地为孩子着想，用我们的诚意来打动家长。共同探讨，呼吁家长与学校达成共识，在平等和谐的共育环境中不断提高合作效果，为真正教育好孩子打下一个坚实的基础。

在我们流动、共创的对话过程中，不断给家长赋能，用"无阻抗"视角与妈妈合作，用赞美技术来强化妈妈的不容易、孩子的聪颖善良，最终赢得家长的鼎力配合。

我们与家长，与孩子的沟通频繁了。小田的课堂纪律有改善了，作业也能交上了。尽管彻底改变，还需要多个回合，但我们已经看到了希望的冰山一角。

实践证明：只有家校形成合力，教育效果才可能真正得到提高。

"焦点解决"帮我们架起学校与家庭沟通的桥梁，实行家校联系，相互配合，促进我们的孩子健康成长！

第四节　我与"猴孩子们"的故事

新学期伊始，作为心理老师的我竟然被学校委以重任，成为初一（6）班的班主任，开始了我和36名猴孩子斗智斗勇、互助成长的班级生活。

承认错误需要勇气，引导孩子承认错误则需要技巧。开学不久，中午我刚进班，发现一个空的矿泉水瓶赫然屹立在讲台的正中间，仿佛在宣示主权，心想一定是哪个猴孩子喝完了水，随手把瓶子放在讲台上了。"来来来，谁的战利品抓紧认领回去"，说着我便拿着空水瓶晃了晃，全班都哈哈大笑，但没有人来认领。于是我又笑着重复了一遍，"再给一次机会，这次要上台认领"，结果还是无人认领。这时我突然意识到：孩子肯定是害怕老师责备，又不想在同学面前出丑，所以不敢前来认领。但是如果找不到"元凶"，如果不了了之，又会给学生造成犯错只要默不作声就能蒙混过关的错误认知。全班同学都在大眼瞪小眼地看着我，我的大脑也在飞速旋转，这件事应该怎么办。突然心生一计，我说道："好吧，既然没有主人愿意承认是自己的战利品，那就先放在窗台，等下课的时候自己拿回去吧。"其实，平时我也观察过孩子们的饮水情况，知道只有小涵使用矿泉水瓶接水，而孩子们也都知道是小涵的水瓶，只是谁也不想做"打小报告"的人。为了避免错判，我先找了几名学生干部核实一下，确认是他的水瓶。然后每个课间我都佯装进班看看这帮猴孩子，其实是看水瓶是否还在，果不其然，水瓶仍在原来的地方等着认领。放学后正好轮到小涵值日，于是我单独将小涵叫到教室外，我用手先在他肩膀轻轻拍了一下，说道："最近数学沈老师和英语陈老师多次向我表扬了你，说你最近课堂回答问题很积极，学习劲头很足，别骄傲哈，继续保持。另外英语还是你的短板，想要保住前五，英语是关键。"小涵刚开始被叫出来还是耷拉着脑袋的，一听是表扬他脸上的乌云瞬间散去，频频点头，态度那叫一个诚恳，说道："老师我知道。""嗯，那你继续值日吧。"我说。就在他转头要进教室时我突然说"对了，把窗台上你的战利品拿回去吧"。他先是一愣，然后摸摸脑袋，相视一笑，说道"知道了，谢谢老师"。那一刻我并没有把他当孩子，我坚信男生之间有些话不必言明，那一刻什么都不说也许是最好的教育。

反思总结：

首先，当孩子犯错时，下意识反应是隐藏和回避，因为他们不了解老师的态度，害怕惩罚或者在同学面前出丑。而作为班主任，经常会遇到这样鸡毛蒜皮的小事，不能每次都上纲上线，教育的契机和技巧也非常重要，既能够正确引导孩子们的价值观，又要照顾孩子们的自尊心。孩子们了解老师的态度，自然而然会知道"承认错误也是一种优秀的品质"的道理。另外在跟小涵聊天时我还采用了心理学上的"第三人效应"，即"数学老师表扬了你"，因为他的数学在班里特别好，这样的表扬会让他信服，从而放下防备。

其次，了解学生的特点，全面掌握孩子的信息有利于针对性地解决孩子的问题。小涵是单亲家庭长大，一直跟着母亲生活，在他的生活中，父亲的角色是缺失的，所以在跟他谈心开始时我会先轻轻拍拍他的肩膀，这也是传达一种男性的力量感，很容易拉进跟小涵的距离。当孩子已经对老师没有防备时，老师说什么孩子都会真诚接纳。

与这些猴孩子的故事才刚刚开始，而且每天都在上演着不同场景、角色、剧情的故事，而我就是耐心当好观众，偶尔扮演一下导演，和孩子们一起"演"好、"演"精彩他们的初中生活。

第五节　让愉悦与成效同在

家长是孩子教育的第一责任人，要想做一名成功的班主任，除了处理好与学生、与任课老师的关系外，还要处理好与学生家长的关系。只有与学生家长建立了和谐的关系，班主任才会得到家长的理解和支持，才能更好地教育学生。而在与家长沟通的过程中，班主任还应该掌握一定的技巧。面对不同文化水平、不同类型的家长，班主任还要用不同的沟通方式。

魏书生老师说："世界也许很小很小，心的领域却很大很大。班主任是在广阔的心灵世界播种耕耘的职业，这一职业是神圣的，愿我们以神圣的态度，在这神圣的岗位上把属于我们的那片园地管理的天晴日朗，以使我们无愧于学生，以使我们的学生无愧于生命长河中的这一段历史。"这句话使我感受到班主任工作的神圣与伟大，要想做好教育工作就要用自己的爱去教育学生，没有爱就没有教育，但在爱学生时要讲究艺术及方式。

教育专家李春雷说："家长是孩子教育的第一责任人"，同时也是学生成长的第一任教师。父母的教育、关爱与引导，决定了学生的气质、素养与发展，而且良好的家庭教育也为学校教育的成功奠定了坚实的基础。要教育好学生，必须是学校和家长"两个教育者"同心协力的合作，学校和家庭对孩子的教育要行动一致要求相同，学校教育必须有家庭教育的配合，家庭教育既是学校教育的基础，又是学校教育的延续与升华。因此做一个成功的班主任，除了处理好与学生、科任老师之间的关系外，还要注意搞好与学生家长的关系。为此，班主任与家长之间的交流沟通是十分重要的，但如果在沟通中不注意方法和艺术，家长就不会认同和接受班主任对自己孩子的教育方法，就会使学校对学生的教育工作收不到预期的效果。因此班主任与家长沟通时一定要讲究沟通艺术。

一、以诚相待，和家长以心换心

"家长是孩子们的第一任老师。"家长对自己孩子的了解，是其他人不可能达到的，他们对孩子们直接或间接的影响也是任何人都无法取代的。从一定意义上说，教师和家长是教育伙伴，他们合作的共同目标就是为孩子提供良好的教育。孟子说："爱人者，人恒爱之；敬人者，人恒敬之。"只有懂得尊重别人，别人才会尊重你。有些班主任在和家长交谈中难免会有些胆怯，甚至避免与家长交谈，这在一定程度上使得家长对班主任有了看法，造成互相之间的不信任和不尊重。所以，家长与班主任之间首先要相互尊重，这样才可以建立和保持良好的合作关系。

在现实生活中，有相当一部分家长虽有望子成龙之心，却无科学教子之方。这就要求班主任与家长敞开心扉，对学生的各个方面（包括思想品德、身体发育、智力潜能、基础知识、爱好特长、行为习惯）进行全面的讨论，找出学生目前的各方面表现的进退及原因，再讨论教育方法。而且在这个过程中，班主任要充分尊重家长，切忌"居高临下"，责备家长，要以诚相待，千万不要让家长在学校感到拘谨甚至反感。特别是后进学生家长，要掌握说话分寸，不要伤害到他们及他们的孩子。"孩子是家长的心头肉"，班主任如能掌握好家长的心理，运用心理辅导的方法做好家长工作，一定会收到良好的效果。

除此以外，班主任还要善于倾听。家长有时会因孩子在校的一点表现而喋喋不休，追问不停。我们要时刻保持亲切的态度去面对他们，体谅做父母的心情，以一个教师特有的耐心去面对他们，通过换位思考去了解他们。使他们相信自己有能力，有信心把他们的孩子教育好。

二、热爱学生，赢得家长的信任

一位教育家曾说："当教师必不可少的，甚至几乎是最主要的品质就是热爱儿童。"热爱学生，是教师职业道德的体现，更是赢得家长尊敬和信任的前提。教师热爱自己的职业，热爱自己的学生，对学生负责、关心、爱护，时刻关注每一个孩子的成长，掌握孩子的思想动态，及时地表扬和发现问题，都能赢得家长对教师的信赖。当家长看到班主任的热情和关怀，看到自己孩子有一点点进步，看到孩子快乐地成长，家长是欣喜的，这样家长就愿意和班主任接近，愿意和班主任交心甚至成为孩子班主任的朋友。一旦老师与家长成了朋友，家长就会成为老师们的左膀右臂，那么老师的工作就会更轻松、更顺利。

和家长沟通的案例：如刚刚毕业的小 A 同学，不仅学习没有主动性，上课也没有自觉性，缺乏自我的控制能力，无论是上课还是自习不是在睡觉就是在玩手机；经常不按要求穿校服，性格倔强，考勤、值日做得很差；还偶有顶撞科任教师的情况出现，造成很不好的影响。一次次地与家长联系成了家常便饭，每次小 A 同学的家长的态度都是很诚恳的，希望得到老师的帮助，希望老师严格对待孩子。但是每次谈完以后却收效甚微，小 A 同学依然是一副懒洋洋的状态，同时还没有什么自制力。一次班会课调位，小 A 同学不肯配合老师，坐在原来的位置一动也不动。他还叫嚣着，他打死也不搬离原来的位置。看见他这种态度，我决定请他的父亲过来。以前每次都是和他的母亲打交道，他母亲在教育他的问题上显得很无力，所以我决定和他的父亲好好交流一下。

小 A 同学的父亲接到电话，就立即表示要赶来学校。我记得当天是下着雨的，他家离学校有十多公里。小 A 同学一听到我打电话叫他父亲过来，他嚣张的态度立即有所收敛，没有再讲不好听的话。看来小 A 同学在家还是比较怕自己父亲的，这样工作也好做一些。小 A 同学的父亲到了以后，我首先感谢他对我工作的支持和配合，表明我今天请他过来是想和家长一块帮助小 A 同学改掉身上不好的习惯。小 A 同学的父亲听了以后表示愿意配合老师的工作，说知道自己孩子身上存在很多的问题，这和他们的家庭教育有一定的关系。我简单叙述了一下今天调位的事情经过，但同时表示并不是因为他对老师态度不好我才请家长过来，而是真的想要和家长好好沟通，让家长多方面了解小 A 同学在校的情况，同时我也能更好地开展对小 A 同学的教育工作。小 A 同学的父亲听了我的叙述以后对小 A 同学的行为很生气，说在家时小 A 同学也经常发生类似的情况，就是自己犯了错还意识不到，并对家长的教育有明显的抵触情绪，从表情上就是一种不服气。我一听，心想：看来不单对老师，而是养成了这样的习惯。小 A 同学的父亲还说他平时是做生意比较忙，只有他妈妈在家管教他们兄弟俩，所以逐渐养成这种习惯与脾气。从交谈中我还了解到小 A 同学的父亲对小 A 同学钱财管理很松，基本满足他的物质需求。我终于明白了，小 A 同学为什么身上有一些不好的习惯得不到及时的纠正，有学校教育的原因，更主要在于他的家庭教育上有一定的问题。小 A 同学的父亲也表示对他教育没有尽心尽责，表示内疚与惭愧。我当即表示了理解，同时劝解道："小 A 同学身上还是有很多优点的，这个孩子心地善良，有时也知道老师对他的好，是懂得感恩的。"我举了一个小 A 同学曾经让我很感动的事情，并列举了小 A 同学在校时的一些好的表现，表示我对小 A 同学并不会放弃，我还是很喜欢这个学生的。小 A 同学的父亲听了以后面色有些缓和，表示对老师的感谢。我觉得有必要给小 A 同学的父亲提出关于家庭教育上的一些建议：（1）希望回去以后和家人沟通一下关于孩子的教育问题，最好家人能达成一致，不要袒护和溺爱孩子。（2）在发现问题以后，一定要当时就给小 A 同学指出来，不要忽视孩子的缺点。（3）多看小 A 同学身上的优点，及时肯定他的进步，让他建立自信。（4）做家长的要多关心儿女，花点时间在他们身上，让他们感受到父母对他的关爱之情。小 A 同学的父亲若有所思，并答应尽力做到。我说把小 A 同学叫过来吧，当着他的面再谈一些问题，不要让他以为老师在告他的状，和老师产生抵触情绪。我把小 A 同学请到了办公室，把刚才我和他父亲的谈话简短地叙述了一下，并当着他父亲的面也肯定了他平时一些好的方面，同时刻意对他的父亲说回家一定不能大声呵斥和打他，一定要好好地沟通。小 A 同学的面色也缓和了，但是还是不说话。

自我察觉：

从这件事看来，我没有直接向家长"告状"，而是以婉转的方式陈述事件经过，令家长与学生都比较容易接受，特别是学生没有大的抵触情绪。这是我认为这次家校合作的成功条件之一。其次是家长的素质。这是一个很直接的因素，不可否认，家长素质越高，合作的可能性越大，效果也越好。同时，家长的特性也影响着家校的合作，所以在面对不同的家长时，学校要区别对待，这样才可以使家校合作开展的顺利，才可以实现合作目标。

反思总结：

我知道小 A 同学的问题不是一朝一夕能解决的，他现在的行为习惯是长期养成的，需要老师和家长的共同努力，当然他自己的努力也是至关重要的。但是经过沟通，我了解到，学生并不只是针对老师的，他在家就有这样那样的不良行为习惯，这样便于老师摆正自己的心态，理智地看待学生的问题。

三、讲求艺术，巧妙应对不同类型家长

学生来自不同的家庭，每个家长的文化水平、素质、教养不同，难免会遇到一些"刁难"的家长，那就必须讲究语言的艺术，所以班主任应该在家长心平气和的情况下，在实事求是的基础上，用征求意见的态度，与家长共同研究解决问题的办法。

（一）放任型家长

放任型家长什么都依着孩子，孩子想干什么就干什么，家长基本满足孩子的一切要求。与这类家长沟通往往也比较困难。有些家长，当老师和他们谈话，指出一些孩子存在的问题时，他们当面可能满口应承，完了一切照旧，对孩子存在的问题不闻不问。对于这

种情况，作为班主任必须得有一定的沟通技巧。首先，班主任要多报一点喜，少报一点忧，绝不夸大问题，使家长认识到孩子的发展前途，激发家长对孩子的爱心和期望心理，主动参与到孩子的教育活动中来。使家长明白，没有父母的爱培养出来的人，往往是有缺陷的人。家长与子女间的感情一定要加强，为学生的发展创造一个良好的家庭环境。

（二）配合型家长

这类家长对孩子比较关心，也比较明事理。因此，与此类型家长沟通比较简单，只要你说得有理有据，给家长一些好的建议，家长一般都会积极配合，难度不大。

（三）溺爱型家长

与这类家长沟通，一般见面都要先肯定学生的长处，对学生好的一面给予肯定，再调皮捣蛋的孩子身上都会有一些闪光点，抓住他们身上的积极品质，这些溺爱型的家长更希望听到班主任对自己孩子的肯定。要充分尊重学生家长的感情，肯定家长热爱子女的正确性，这样家长才会从心理上接受班主任。同时，也要用恳切的语言向家长反映情况，指出学生存在的问题。对于这样的家长，班主任要在肯定中提出要求，在要求中透着婉转。班主任的主要目的是要家长全面地了解孩子，从而主动地与班主任共同商讨教育孩子的方法，主动配合学校的教育工作。

（四）后进生的家长

这类家长，一般来说都对学生有种恨子不成龙的愤慨。与这类家长沟通时班主任首先要站在家长的立场上，去除自己的偏见和主观判断，不可对成绩差的学生家长或地位低的学生家长有歧视态度，也不可主观断定学生能否成才。其次，班主任要让家长对自己的孩子充满信心。要多向家长说一些孩子除了学习之外在其他方面的长处与优点，让家长看到孩子的长处，看到孩子的进步，看到希望。对孩子的缺点，不能不说，不要一次说得太多，不能言过其实。这样就可以让家长对孩子有比较全面的认识，并配合学校与老师，共同找出孩子存在问题的原因，努力帮助孩子克服其弱点与不足。

（五）气势汹汹的家长

这样的家长往往文化程度不太高，"恨铁不成钢"，学生一出现毛病，他们也不加分析就拳脚相加。与这类家长沟通就要求班主任讲究方式方法，谨慎行事，要以柔风细雨似的交谈方式让家长知道：暴力既没使孩子认识到错在哪里怎样改正，也可能加深师生间的隔阂，使孩子对班主任极为反感。苏联教育家马卡连柯曾说过："用殴打来教育孩子不过和类人猿教养它的后代相类似。"父母不知道在打骂孩子的同时，他们也犯下了新的错误，与其惩罚孩子，不如做个榜样。要使家长理解所有这一切，首先就要以情服人，取得家长的信任。使他们相信，老师来家访不是为了给孩子以惩罚，而是争取家长的协助，共同帮助学生。同时，班主任要有耐心，多虚心听取其建议，不与其争吵、争辩。当然，在听取意见和建议的同时，要有判断能力和心理承受力，冷静分析是非；此外，班主任还要有宽广的胸怀、较好的素质，虔诚而耐心地倾听这类家长对学校教育教学的意见和建议。

四、爱比责任更重要

爱是一切的原动力！爱比责任更重要。发自内心的爱比被动的职责更重要。只有用真心，动真情，做实事，走进学生的内心，才能得到他们的认可。学生在被爱中学会爱。班主任不仅是学生成长的辅导员，也是学生人生路上的引航员。班主任要了解班级每个学生，看到每个学生不同的长处，即使最差的差生也要去发掘他的闪光点，相信每个学生都是不同岗位的人才，要善于挖掘学生的潜能，把关爱洒到班级的每个学生身上，不能只喜爱那些学习成绩好的优生，轻视或歧视那些学习成绩不好的差生。要培养班级的每个学生都有一个良好的思维方式，通过教育培养，使班级的每个学生都能树立自己远大的人生理想目标，为实现自己树立的理想目标而努力学习。当家长看到自己的孩子在班主任教育引导下有理想，有目标，就会对学校的教育满意，对老师的教育放心，家长才会在今后学校的教育教学过程中积极配合老师，支持学校的教育工作。

总之，班主任与家长的沟通艺术越高，孩子的第一教育责任人——家长的作用就发挥的越好，老师就会赢得家长的信任、理解、满意、放心，家长就会全力配合支持学校的教育教学工作，这样我们的教育教学工作就会收到事半功倍的效果。

第六节　家校携手为青春护航

时光飞逝，转眼我已经在班主任工作岗位上工作一个学期了。这期间有不足，也有收获。今天分享工作中遇到的一个很具代表性的案例，这个案例能够说明家庭和学校共同为孩子营造良好成长氛围的重要性。

案例描述：

小刘，男，15 岁，初中毕业于理工附中。该学生的优点：学习习惯好，学习目标明确，所有理科成绩加上地理成绩都排在年级第一，有上进心，有很强的自尊心。该学生的缺点：偏科严重，文科比较薄弱。不太会和他人交流。不愿融入集体。

一、该生存在的问题

1. 不愿融入集体。记得9月份刚开学，第一次班会课，我带领全体同学去操场拍一张合影，作为进入高中的第一次合影，会很有纪念意义。但是小刘同学就提出不想参加，并拒绝了合影。我当时不是很理解，跟他简单沟通了一下，说服了他参加合影，最终他同意了。但是他也只是站在了角落里，躲在了同学的后边。并且多次提出班级学习氛围差，想调整到其他班级。

2. 性格急躁，遇到不顺心的事会有过激反应。考试没有考第一名就觉得很失望。

3. 和他人交流有障碍。经常心直口快，往往令交流的人很不舒服。但是不是故意伤害对方，同时自己也没有意识到伤害了对方。

二、应对策略

面对这个优点缺点都很突出的学生，我先观察了两个星期，发现这名同学不愿融入集体的原因确实是因为自己的学习成绩比较突出。来到玉泉中学一是因为自己的文科成绩薄弱，二是因为自己的中考失利，所以会对班级甚至学校产生不认同感。我采取了以下措施。

1. 先是主动打电话给家长，向家长汇报该学生在学校的表现，征求家长的一些建议；及时做好家访，了解学生本人的家庭情况，父母的工作情况，父母的学历情况，平时在家中父母对学生的关注情况，并摸清楚家长对自己的子女的管教态度是怎样的。了解得知：该学生家长学历较高，父亲在军事科学院工作，平常也很关注孩子的学习和心理健康，初中的时候就在学校出现过类似情况，并看过心理医生。理科相对感兴趣，文科不太感兴趣，导致了偏科严重。

2. 私底下经常找小刘同学谈心。以朋友的姿态和他交流，肯定他的学习态度和目标，也很坦诚地告诉他哪里做得不对，并给他提出相应的建议。通过接触，我发现其实小刘同学是一个外冷内热的学生，内心是很期待和他人进行交流的。我就建议他可以帮助理科薄弱的同学，给他们讲讲题，画画重点。于是我就在"十一"放假期间帮他组织了一次线上答疑活动，帮助同学们解答数学的疑问，并备考"十一"假期结束后的月考。活动起到了很好的效果，同学们对小刘同学的答疑给出了肯定。而小刘同学也感受到了真诚交流带来的收获感，于是就开启了自己的"讲课"之旅。每天放学后在班里主动给同学们答疑，放学后在微信上为同学们讲题。在他的帮助下，班里同学的理科成绩有了飞速的提升。小刘同学也逐渐对班级有了认同感并融入其中，同学们也开始愿意和他交流并感谢他的帮助。

3. 家校携手帮助孩子成长。面对小刘同学偏科的问题，我和他的家长决定重点关注他的英语和语文，并制定了学习计划，给他推荐提升语文成绩的书籍和背英文单词的软件，让他能够找到提升自己文科成绩的方法和方式，并以朋友的身份时常给他提出提高成绩的建议。

三、效果

在学校老师与家长的密切配合之下，找准问题存在的原因，找到解决问题的方法。通过真诚的沟通，坦诚的交流，小刘同学对学校和班级产生了认同感，能够踏实学习，不再浮躁。在期末统考中数学成绩考到了区里前 500 名。同时，该学生也学会了如何与人合作，并能够融入班集体，其他同学也接受了小刘同学。接下来希望他能够继续帮助其他同学的学习进步，同时能够弥补自己的文科上的不足，有新的突破。

四、反思和总结

问题学生产生问题，往往是因为自己的想法不被接受。这时候就体现了家校合作的重要性。通过家校沟通，能够及时地找准问题，分析问题进而解决问题，才能够帮助学生成长。同时，要想让学生对班级和学校产生认同感，首先就要坦诚地和他进行交流，不能用强压式、命令式的语气去和他交流。当今青少年接触网络较早，接触的信息也就相对复杂，有自己的逻辑和思维。强硬的沟通方式已经成为过去式，要想说服他们必须以理服人。所以这就更要求我们老师首先要冷静的处理问题，不能情绪化的去教导。要真诚地去引导他们，告诉他们什么是对什么是错。带领他们走出自己的逻辑圈，去认识到自己的错误。

中篇　生命教育的文化追求

第七章　上善文化的尊重与创新基因

八一玉泉中学在继承八一学校部分品质基因的基础上，结合"上善文化"的文化内涵、学校学生发展核心素养指标体系和学生发展特点和水平，确定了适合八一玉泉中学学生的八大"上善基因"，这是学生外在表现出的向善意识和向上能力所需具备的内在基因特质，是培养向善、向上现代公民所应具有的。本章我们阐述"尊重"和"创新"这两大基因。

第一节　尊重：自尊、感恩、关爱

一、内涵解读

尊重，是一种高尚的品质和美德，是个人内在修养的外在表现。我国传统文化中，历来对自尊和尊重他人有着悠久的历史传承。孟子曰：爱人者，人恒爱之；敬人者，人恒敬之。

尊重，首先要做到自尊，即尊重自己。屠格涅夫说，自尊自爱，作为一种力求完善的动力，是一切伟大事业的渊源。其次，要尊重他人，懂得感恩，才能让人尊敬。最后，要学会关爱，关爱他人，如同送人玫瑰，手有余香，也获得别人的尊重。

我们认为，懂尊重的人，会尊重自己，尊重自己是学会尊重的起点，是一种时刻维护自己人格尊严的积极的心理状态。懂得自尊，要有自我抱负、要能自我认可、要会自我爱护。懂尊重的人，会感恩他人，感恩他人是对他人付出的尊重，是对他人给予自己帮助的一种感激与回报。感恩他人，要有真诚之心，要有感激之情，要有报答之意。懂尊重的人，会关爱别人，关爱别人是赢得别人尊重的条件，是让别人感受到温暖与关怀的一种表现。关爱别人，要有同理心态，要有平等意识，要有奉献精神。

学校通过尊重内涵修炼指标体系和各项活动，让学生成为会尊重自己、感恩他人、关爱别人的人。

一个懂得尊重自己的人需要修炼五项指标：肯定自我，认可自身存在的价值；爱护自我，珍惜和保护自己的生命；不卑不亢，为人处世要维护自己的尊严；怀有抱负，拥有追求，相信自己的实力；不骄不傲，谦虚为人，赢得他人的认可。

一个懂得感恩他人的人需要修炼五项指标：对世界万物的无私给予铭记于心；认可他人的价值，尊重他人为集体荣誉做出的贡献；珍惜他人的付出，对他人的贡献真心感谢；心胸豁达，宽容大度，凡事不斤斤计较；懂得回报，尽自己的能力帮助他人。

一个懂得关爱别人的人需要修炼五项指标：懂得换位思考，凡事多注意他人的感受；心存善意，温和有礼地与人相处；关心他人的需求，留心观察他人的难处；尽己所能帮助他人，不求回报与索取；乐于奉献，给予他人关切与温暖。

二、主题阐释

八一玉泉中学将9月设立为"尊重月"。"尊重月"的确立主要源自国际慈善日（9月5日）、教师节（9月10日）、孔子诞辰纪念日（9月28日）等社会活动以及初高中新生入学和教师节的学校传统活动。尊重主题旨在借助九月三大社会节日，结合校园实际，让学生了解学校历史，同时，在教师节等活动中，懂得感恩、关爱他人，塑造尊重基因。

因此，学校围绕"尊重"基因，开展的教育活动主题是：同理之心传真情、尊重之情暖人心。其内涵如下。

同理之心传真情：同理心是人与人之间互相尊重的基础。一个具有同理之心的人，善于站在他人的角度想问题，设身处地地为他人的利益着想，而这正基于对他人的尊重，而并非只关注自己的感受和得失。

在"尊重月"，我们要培养学生的同理之心，让他们在与老师、同学、父母相处的过程中，学会换位思考，发自内心地去关心和帮助对方，以真心换取真心，以真情连接真情。

尊重之情暖人心：尊重是与他人建立良好关系的第一步。一个怀有尊重之情的人，能够认可自我与世界万事万物存在的价值，真心地感激世间一切人和物的无私付出，对他人的恩惠给予力所能及的回报。

在"尊重月"，我们要培养学生的尊重之情，让他们在与老师、同学、父母相处的过程中，学会尊重对方，将他们的付出铭记于心，对他们的恩惠给予反馈，以尊重换取尊重，以人心温暖人心。

学校开展"尊重月"活动，其背后的教育意义有以下几个方面。

第一，让学生学会"自尊"：通过"尊重月"活动，让学生学会尊重生命、珍爱生命，能够认可自身的价值，怀有自我抱负，并谦逊地为了要达成的目标努力，不卑不亢地与人交往，在为人处世中维护好自身的尊严。

第二，让学生懂得"感恩"：通过"尊重月"活动，让学生学会宽容豁达，认识到他人努力的价值，珍惜他人的付出，由衷地感激他人对自己的关怀与帮助，并懂得以真诚的方式给予他人回报。

第三，让学生做到"关爱"：通过"尊重月"活动，让学生学会换位思考，关心他人的需求和利益，以恰当的方式给予他人帮助，化解他人的难题，给予他人温暖的关怀，赢得他人的尊重与喜爱。

第四，让学生怀有"同理心"：同理心是让学生学会尊重所需要具备的意识。我们要通过"尊重月"活动，培养学生的同理心，让他们在与他人交往中能够多从对方的角度出发去思考问题，让他们懂得，只有善于尊重他人的感受与需求，才能赢得他人的尊重。

三、学生活动设计

八一玉泉中学的尊重活动，结合学校传统活动与 9 月关联节日，设计了大众学生参与的"铭记聂帅的光辉"和"尊师十条"活动，让学生了解学校历史，铭记聂荣臻元帅对学校的关怀，以及在尊师活动中，体悟尊重的感恩内涵。以"尊师十条"为例，学生的活动设计如下。

（一）活动内容

你们可曾知道，辛勤的老师们每天都会为你们认真地备课、专心地批改作业，奉献了自己的青春年华……

那么，我们应该怎样尊师？是否应该见到老师礼貌问好？遵守课堂纪律？专心听讲？认真完成作业？

古话说，一日为师，终身为父。教师是我们人生的引路人，知识的传授者，在教师节来临之际，我们该如何尊师？学校在 9 月，结合尊重基因月，举行"尊师十条"活动，让学生们从自己做起，从小事做起，尊重教师。此次活动不同以往简单的庆祝教师活动，设计了学生自主讨论环节，让学生自己总结尊师行为规范，主要内容是：

和别人学尊师：9 月 10 日。利用班会时间，开展"尊敬我们的老师"主题班会活动，先是让学生讲"尊师"的小故事，可以是名人故事，也可以是身边同学尊敬老师的故事，让学生知道他人都是怎样尊师的。

讨论尊师十条规范：9 月 10 日。讨论"我们如何尊敬老师"，针对在老师精心准备的课堂上，我们应该怎么学和如何对待老师花大量时间精力批阅作业等日常学习中的小事，同学们可以自由发表个人看法，最终总结出同学们普遍认可的"尊师十条"。

（二）班级纪实

初三（4）班：尊师重教班会教案

教育主题：

热情讴歌教师工作的崇高和伟大，介绍历史上闻名的尊师重教的例子，说明尊师重教的重要性和必要性。

教学目标：

通过伟人敬师等小故事，使学生了解我国素有"尊师重道"的传统；以丰富多彩的游戏活动为载体，引导学生以小组形式开展活动，自觉地把尊敬老师落实在行动上，从而使学生的道德水准提升到新的高度。明确怎样做才是尊师，大力表扬同学们尊师的行为，同时也指出一些有违尊师的现象，从而激发同学们对老师的热爱之情，搞好师生关系，使教学工作顺利进行。

教学准备：

以学生干部组织活动为主，进行自主性教育、现身说法和自我教育。通过讲故事、做游戏、小组讨论等形式引导学生尊师、敬师、爱师。

教学准备：

1. 全面发动。动员全班同学查找资料，收集素材并集中交给班主任。

2. 从平时生活中观察老师是如何关心和照顾学生的，我们该如何尊重老师，以小组为单位写一份调查报道。

3. 在班主任的指导下组织排练。

教学过程：

主持人：教师节快到了，同学们都会向老师送一张精美的贺卡。这一张张美丽的贺卡，都折射出中华民族优秀传统在当今时代所绽放出的绚丽色彩。有人说教师是人类灵魂的工程师。是的，当我们刚入学还不懂事的时候，是老师从细小的事情入手，耐心地指导我们如何做人、如何做事。当我们犯了错误的时候，或是彷徨无奈的时候，又是老师循循善诱地启迪我们，仿佛是在我们的心灵深处点燃了一盏明亮的灯，把我们的人生引向光明的彼岸。如果说学校是知识的源泉，那么在我们学习知识的过程中最离不开的就是老师了。

（1）尊师重教是全社会的美德，是中华民族的优良传统。古今中外就有许多名人尊师的故事流传下来，成为佳话。毛主席在给他的老师徐特立老先生的生日贺信中说道："你是我二十年以前的老师，现在仍然是我的老师，将来必定还是我的老师。"这段话已成为世人的座右铭，为全国人民树立了光辉的尊师榜样。让我们来举行一次讲故事比赛，听一听各小组收集的尊师故事。

（2）各组尊师的故事都很精彩，接下来让我们再来看一首脍炙人口的童谣。随着我们慢慢长大，它可能已经被忘却。一个体恤学生的老师，随着慢慢长大，却永远忘不了。看完这首童谣，然后回答问题。

问题一：你以前有过那些不尊敬老师的行为吗？

问题二：你打算今后怎样尊敬老师？

于同学：当我犯了错误，受了老师的批评，总是不服气，有时还要顶撞老师。其实我错了，老师批评我，教育我，都是在教我做人的道理。以后我一定虚心接收老师的批评教育，并积极改正错误。

宋同学：我有时上课不认真听讲，经常开小差。有时还要讲话，影响课堂纪律和老师的讲课，这是对老师劳动不尊重的表现。我们应该尊敬老师，上课专心听讲，独立思考，积极举手发言，认真完成作业，支持老师的工作，这是老师最大的欣慰。

方同学：我有时在校园里碰到老师觉得有些不好意思，就低着头从她身边走过，没有和她打招呼，这是对老师不礼貌的表现，以后我在校园里一定主动向老师问好，不管她是不是我们班的任课老师，都要有礼貌。

主持人：同学们都说得很好，也认识到了我们平时行为中的一些错误，并将积极改正，做到尊师重道。

（3）接下来，让我们放松一下，看两个由同学们自编自演的小品。

（4）下面请听朗诵《老师，我们最尊敬的人》。

（5）在我们每天的生活中，接触最多的可能就是老师了。那么我们有没有仔细观察过老师的工作是怎样的辛苦？他们为了教育事业付出了多少艰苦的劳动？让我们每一组派一名代表来讨论一下你们的调查报告。

主持人：通过大家细微的观察，大家不难发现，老师的工作确实很辛苦。老师为了我们的成长，精心备课，认真批改作业。课堂上循循善诱，耐心辅导，尽心尽力，既教书又育人。为把我们培养成德、智、体全面发展的新一代而废寝忘食，夜以继日地辛苦操劳，忘我工作。处处以身作则，为人师表。像蜡烛一样，燃尽了自己，照亮了别人，谱写了一曲曲感人肺腑的乐章。我们要尊敬老师，尊重老师的辛勤劳动，把老师视作父母，像爱父母一样热爱我们的老师。

班长总结：老师的职业既平凡又伟大，是塑造人类灵魂的工程师。老师在我们人生的扉页上洒下一片片光明，在我们前进的道路上，架起了一座座彩虹般的桥梁。老师是我们人生路上的第一盏指路明灯，我们有理由做到：尊敬老师从你我做起！但尊敬不能仅仅停留在认识上，还要落实到行动中。在此，我向全班同学发出倡议，希望大家在课堂上，用专心致志的目光表示出对老师的理解与支持；在校园里，用文明的语言表示出对老师的尊重与敬仰；在生活中，用彬彬有礼的行为表示对老师教导的回报。我们要听从老师的教导，不辜负老师的期望，以实际行动，刻苦学习，养成良好的品德，增强体质，做德、智、体全面发展的一代新人，把自己锻炼成为祖国的栋梁。

主持人：最后请我们的班主任老师总结。

班主任老师总结：一个人，无论地位有多高，成就有多大，如果饮水思源，他就不会忘记老师在他的成长道路上所花费的巨大心血。"国家兴亡，系于教育；教育兴亡，系于教师。"是教师让我们告别愚昧，是教师让我们挥别贫穷，是教师让人们智慧起来，是教师让民族振兴起来。因此，尊敬老师是一个民族文明的标志，是提高国民素质的关键，是经济腾飞的基础，是国家兴旺的根本。老师们的无私奉献、不图回报、爱岗敬业、安贫乐道、甘作人梯、愿作牛马的精神是永远值得我们学习和爱戴的。所以我们要尊敬老师，热爱老师！但尊师重教不是一句口号，而是实实在在的行动，不仅仅是教师节才有的专利，而应落实到日常生活中。许多同学在教师节给老师送上贺卡以表心意，其实，尊师不在于这些，而在于我们同学的头脑中是否时刻都有这样一个意识，在于是否将这种意识融于自己的每一言、每一行中。我真切地希望各位同学能将今天所说的一切化为实际行动，用你们的一言一行来表达对老师的尊敬与爱戴。

第二节　创新：质疑、研究、实践

一、内涵解读

创新关乎国家的未来，党的十八大以来，习近平总书记对创新发展提出了一系列重要思想和论断，把创新发展提高到事关国家和民族前途命运的高度，摆到了国家发展全局的核心位置。党的十八届五中全会提出"五大发展理念"，排在首位的就是"创新发展"。创新是引领发展的第一动力。

作为国家未来的建设者，创新对于中学生来说也非常重要。创新有利于打破常规，开拓思维，为追求真理提供原动力。

因此，八一玉泉中学提出创新基因。创新是具备探究里的重要基因。创新的内涵是质疑、研究与实践的统一。创新需要一个由思到行的过程，创新始于质疑，首先能发现问题并提出问题；创新得于研究，其次要分析问题并追根究底；创新终于实践，最终将走进现实并解决问题。

我们认为，质疑让人成为敢于追问的人。质疑，意味着对任何事实和观点不盲从，在尊重权威的同时，保有自己的思想和态度，对不明晰、不确定的知识和观点发起提问，用批判性思维理解和判断一切事物。研究，让人成为勤于思考的人。研究，意味着对心中存疑之事进行深入的探索和分析，通过查找资料、收集资料、筛选资料、分析资料，挖掘事物内在的本质，在不断思考的过程中追寻真理。实践，让人成为勇于践行的人。实践，意味着将探究的成果应用到实际生活中去，通过积极地动手操作、科学实验，检验自己所思所想的正确与否，最终找到具有创造性的解决现实问题的方法。

在10月，学校通过创新内涵修炼指标体系和各项活动，让学生成为敢于追问、勤于思考、勇于践行的人。

一个敢于追问的人需要修炼五项指标：对任何事情不盲从，拥有独立的思想和态度；对事实和观点进行深入、客观的思考；具有批判性思维，始终崇尚真理；善于发现问题并敢于提出问题；尊重权威而不迷信权威，具有发展的眼光。

一个勤于思考的人需要修炼五项指标：注重挖掘事物的真相与本质；根据发现的问题形成个人理性的猜想与假设；善于寻找科学依据并进行思考与分析；探究过程中进行密切的交流与合作；对质疑的问题形成个人创造性的想法。

一个勇于践行的人需要修炼五项指标：拥有将自己的想法付诸实践加以验证的意识；面对新生事物主动了解，积极尝试；遇到挑战和困难不惧怕、不退缩、不放弃；在实践过程中注重总结，不断地修正想法；打开思路，在实践与再实践的过程中迸发新观点、新发明。

二、主题阐释

八一玉泉中学将10月设立为"创新月"。"创新月"的确立主要源自爱迪生逝世纪念日（10月18日）、全国大众创业万众创新活动周（10月19—23日）和世界发展新闻日（10月24日）。创新主题旨在借助10月的社会节日，结合校园生活和学生实际，在活动中让学生锻造创新基因。

因此，学校围绕"创新"基因，开展的教育活动主题是：探究触发改变、创新成就未来。其内涵如下。

探究触发改变：创新，意味着发生改变，而探究正是促成改变的必要环节。时代在进步，新事物在不断崛起和发展，唯有不断地探究，才能激发新想法，促进现实的改变，推动时代的向前发展。

在"创新月"，我们要让学生在自主探究的过程中体会创新的乐趣，让他们善于发现学习中、生活中的问题，能够就提出的问题进行深入的探究与分析，找到解决问题的方法，以更好地提高学习及生活质量。

创新成就未来：社会的发展是靠一次次创新、一件件发明推动向前的，当下受教育的孩子们终将面临未来新型社会带来的一系列新机遇、新挑战，唯有拥有创新精神才能适应不断发展与变化的未来社会，才能成就未来，造福人类。

在"创新月"，我们要让学生与这个大众创业万众创新的时代接轨，为他们搭建展示自己无限创造力的平台，锻炼创新思维，提升创新能力，能够时时创新、处处创新，为创造更好的未来积蓄力量。

学校开展"创新月"活动，其背后的教育意义有以下几个方面。

第一，让学生敢于"质疑"：通过"创新月"活动，让学生善于思考日常学习与生活中的点滴小事，敢于从中发现问题，对不清晰、不准确、不确定的事实或结论大胆地提出质疑，有理有据地表达困惑和个人见解。

第二，让学生勤于"研究"：通过"创新月"活动，让学生能够积极主动地去研究与分析学习和生活中遇到的问题，为寻找解决问题的方法进行独立的思考和积极的合作，深入挖掘事物内在的本质与规律，将心中的疑问各个击破。

第三，让学生勇于"实践"：通过"创新月"活动，让学生勇敢地投入到实践中去，既要在实践中寻找可创新的新契机，又要在实践中验证自己创造性想法的科学性与可行性，在实践中收获创造发明的成果。

第四，让学生拥有创新精神：学生通过不断地质疑、探究、实践，完成了从思维创新到行动创新的升级，在此过程中创新思维与创新能力皆得到了充分的锻炼，渐渐地形成了一种这个时代需要的创新精神，能够在不断地思索与创造中丰富自己的人生，书写生命的价值。

三、创新故事

》》【发明之王爱迪生】

1878 年 9 月爱迪生 31 岁时开始研究电灯。那时煤气灯已代替煤油灯，但火焰闪烁不定，而且在熄灭时产生有害气体；弧光灯也已发明，并在公共场所使用，但由于燃烧时发出嘶嘶声而且光亮过于耀眼，不宜用于室内。当时许多欧美科学家已在探求制造一种新的稳定的发光体。

爱迪生研究了弧光灯后宣布他能发明一种使人满意的光，但需要钱。那时他已是一个有了 170 项发明专利权的人，他的发明给资本家带来很大利润，因此一个财团愿意向他提供资助。经过几千次的失败，1879 年 4 月他改进了前人的棒状、管状灯，做出了一个玻璃球状物；1879 年 10 月 21 日他把一个经过碳处理的棉线固定在玻璃泡内，抽出了空气、封上口、通上电流，它发光了，一种新的照明物出现了。

1880 年至 1882 年，爱迪生设计了电灯插座、电钮、保险丝、电流切断器、电表、挂灯，还设计了主线和支线系统，又制成了当时世界上容量最大的发电机，并在纽约建立第一座发电厂，开辟了第一个民用照明系统。后来他又同乔治·伊斯曼一起发明了电影摄影机。爱迪生的三大发明：留声机、电灯和电力系统、电影摄影机，丰富和改善了人类的文明生活。

爱迪生于 1931 年 10 月 18 日去世，终年 82 岁。然而至今为止还没有人能打破他持有 1093 个发明专利权的纪录，人们称他为"发明之王"。

四、学生活动设计

八一玉泉中学的"坚毅月"，结合学校传统活动与 10 月关联节日，设计了大众学生参与的"由火到灯的演变"和"生活小创客"活动，让学生在活动中体会"创新"基因中质疑、研究和实践等内涵。下面以"由火到灯的演变"为例，学生活动的设计如下。

（一）活动内容

同学们可知道，灯的演变经历了怎样的过程呢？自从人类学会钻木取火以来，照明经历了从火、油到电的发展历程。照明工具经历过无数的变革，出现过火把、动物油灯、植物油灯、蜡烛、煤油灯到白炽灯、日光灯，发展到现在琳琅满目的装饰灯、节能灯等，可以说一部照明的历史正是人类发展历史的见证。

"发明大王"爱迪生，经过不懈努力，发明的电灯，让人类从此告别了黑暗，推动人类社会向前迈进了一大步。那么，爱迪生到底是如何发明电灯的呢？

在爱迪生逝世纪念日来临之际，学校举行"由火到灯的演变"活动，让学生学习爱迪生创新精神的同时，激发其科学创新的兴趣。因此，此次活动主要分为以下两部分：

了解灯的演变史：10 月 18 日。爱迪生发明了电灯，让人类的照明史向前迈了一大步，在爱迪生逝世纪念日，同学们讨论本月创新故事中"'发明大王'爱迪生"在灯的演变史中发挥的重要作用。

探究灯演变的原因：各小组分别制作 PPT，在全班范围内讲解灯的演变史及未来预想，互相交流研究收获与体会。同学们想一想，在人类发展进程中，是什么促使了从火到灯的演变？想象一下，未来的灯将会朝着怎样的趋势发展？你能想到哪些有关灯的创想？

（二）班级纪实

初三（4）班：小故事里的创新意识

班会目的：为了提高同学们的创新意识，培养同学们的创新能力，同时为了加强班级同学的友谊，增进班级同学在创新方面的合作，提高同学们之间的团队合作意识与班级凝聚力，特此举办此次"创新教育"主题班会。

班会流程：

1. 班会开始后，首先由主持人向全班同学介绍创新对在校学生的重要性，引出本次班会的主题。

2. 小故事，你我都懂的。主持人给我们讲解了爱迪生成功的小故事，故事虽小，却蕴含着深刻的人生哲理，对我们今后的人生有着重大的意义。

3. 由主持人为大家带来国家关于创新教育的指示与注意事项。通过对国家政策的认识与了解，让我们在校学生知道了国家对创新的支持与鼓励。

4. 大家互相讨论关于创新的心得，互相交流讨论自己的梦想……

5. 主持人带来班会总结。

班会心得：通过这次班会，我们意识到，创新不再陌生，不再遥远，就在我们的身边。此次班会增强了同学们对自主创新的认识，对创新有了自己的观点与看法，并懂得如何才能让创新走向成功。此次活动培养了同学们的团队合作意识，一件事一个人的力量是渺小的，而团队的力量是无穷的，我们要善于充分利用资源。此次活动增进了同学之间的友好合作关系，增强了同学之间的友谊，大家共同学习，共同进步。

第八章 上善文化的坚毅与明辨基因

八一玉泉中学学生的八大"上善基因"之三是"坚毅"、之四是"明辨"，本章将围绕这两个基因展开。坚毅指坚定而又有毅力，就是做事情不怕困难、坚定不移，遇到挫折不灰心不放弃，持之以恒。明辨就是明确地分辨，所谓"博学之，审问之，慎思之，明辨之，笃行之"（《礼记·中庸》）。坚毅和明辨是上善文化的重要精神内核，值得八一玉泉中学学生去努力追求。

第一节 坚毅：坚定、坚强、坚韧

一、内涵解读

坚毅，是孩子未来成功的秘密武器。

在 2012 年，斯坦福大学心理学教授 Carol Dweck 和《纽约时代周刊》编辑保罗·图赫的著作《性格的力量：勇气、好奇心、乐观精神与孩子的未来》，已经将"培养坚毅性格"的教育理念带入大家的视野。

正向心理学（Positive Psychology）则提出了七项指标：坚毅、激情、自制力、乐观态度、感恩精神、社交智力、好奇心，认为它们是预示孩子未来成功的"七大秘密武器"。坚毅则排在第一位，可见它对孩子成长的重要意义。

因此，八一玉泉中学提出坚毅基因，坚毅是具备进取心的重要基因。坚毅的内涵是坚定、坚强、坚韧的统一。坚毅的内涵反映出人实现目标的过程：对制定的目标有坚定不移的信念、执行目标过程中坚强地克服困难、在追求目标时能坚持不懈地努力。

我们认为：坚定，让人成为信念笃定的人。坚定，意味着对制定的目标拥有坚定不移的信念，不因环境或外物的干扰而改变内心的初衷，对所追求的目标信念笃定、毫不动摇。坚强，让人成为勇敢顽强的人。坚强，意味着在执行目标过程中拥有坚不可摧的意志，在遇到挫折和压力时不屈不挠，面对困难勇敢顽强、迎难而上。坚韧，让人成为持之以恒的人。坚韧，意味着在追求目标的过程中拥有水滴石穿的韧劲儿，在考验耐力之时不轻言放弃，做事情要持之以恒、有始有终。

在 11 月，学校通过坚毅内涵修炼指标体系和各项活动，让学生成为信念笃定、勇敢顽强、持之以恒的人。

一个信念笃定的人需要修炼五项指标：对完成制定的目标拥有强大的信心；在任何环境和条件下都不改初心、坚定不移；按照制订的计划一步步做好眼前事；不随波逐流，不轻易被别人意见所左右；适应人生的千变万化，明白自己真正想要什么。

一个勇敢顽强的人需要修炼五项指标：能够正确看待人生的顺境与逆境；在遇到困难时克服恐惧、勇往直前；在困境中冷静思考、分析对策；能够扛得住打击，顶得住压力，经得住折腾；微笑对待艰难困苦，乐观迎接崭新局面。

一个持之以恒的人需要修炼五项指标：拥有势必完成目标的决心和底气；对自己定下的目标全心投入，不懈努力；在任何时候不找借口，直面问题；对坚定的目标有不轻言放弃的忍受力；善始善终，能够长时间地坚持做好一件事情。

二、主题阐释

八一玉泉中学将 11 月设立为"坚毅月"。"坚毅月"的确立主要是源自世界青年日（11 月 10 日）、吉尼斯世界纪录日（11 月 9 日）等。坚毅主题旨在借助 11 月份的社会节日，结合学生实际情况和坚毅的内涵，在活动中让学生锻造坚定、坚强、坚韧的品质。

因此，学校围绕"坚毅"基因，开展的教育活动主题是：漫漫坚毅路、孜孜进取心。其内涵如下。

漫漫坚毅路：成长，是一个漫长的求索过程，有顺境也有逆境，如何才能顺利度过这段充满考验的人生旅程呢？拥有一颗坚毅之心至关重要。坚毅，是对长期目标的不懈追求，是坚定、坚强与坚韧的结合，是人能够抓住机遇、实现目标必不可少的品质。

在"坚毅月"，我们要让学生在充满挑战与考验的活动中砥砺坚毅的品质，让学生对完成目标怀有坚定不移的信念，激发克服困难的勇气和勇往直前的决心，做到百折不挠、持之以恒，收获坚持到底、完成目标的喜悦。

孜孜进取心：人之所以能够对所做之事坚持到底，靠的是什么呢？靠的就是一份永不言弃、积极向上、力争进取的心气。进取心，是促人进步的良剂，因为力争上游，才能在遇到困难的时候勇往直前，走出困境，而在这个过程中砥砺的正是人坚毅的品质。因此，人若想形成坚毅的品质，就要怀有进取之心，孜孜不倦地追求目标。

在"坚毅月"，我们要让学生在体验坚持与耐力的过程中，树立进取之心，让他们能够为自己制定的目标负责，坚决执行，不找借口，成为一个意志坚毅的人。

学校开展"坚毅月"活动，其背后的教育意义有以下几个方面。

第一，让学生能够"坚定信念"：通过"坚毅月"活动，让学生能够对学习计划、成长目标怀有坚定的信念，在遇到环境变幻与成长诱惑的过程中，能够秉持最初的理想，不忘初心，让内心的希望之舟朝着向往的方向驶去。

第二，让学生学会"坚强面对"：通过"坚毅月"活动，让学生能够勇敢面对学习中、生活中的挫折与困难，学会以积极健康的心态化解内心的压力，学会正确地分析问题、解决问题，告别脆弱的心理，增强抗挫能力，练就顽强的精神。

第三，让学生做到"坚韧不拔"：通过"坚毅月"活动，让学生能够真正地为追求的目标付诸持久的努力，在做事情的过程中拥有毅力与韧性，在遇到困难时不临阵脱逃、半途而废、轻言放弃，在执行目标过程中施以耐心与恒心，直到目标的完成。

第四，让学生拥有"进取之心"：通过"坚毅月"活动让学生坚定信念、克服困难，体会持之以恒对完成目标的重要意义，从而培养学生的进取心，让他们学会不管在完成学习目标还是生活追求的过程中，都要以积极的进取之心克服艰难险阻，锻造坚毅的品性，完成一个又一个人生目标。

三、坚毅故事

>> 【"撑"出来的吉尼斯世界纪录】

1.7 米左右的个头，120 多斤的体重，皮肤黝黑，腰板笔直，眼神刚毅……北京特警毛卫东的身影因再破世界纪录而进入公众视野。

2016 年 5 月 14 日，毛卫东参加了"第二届平板支撑世界杯"，并以"8 小时零 1 分钟"的成绩，不仅成功挑落包括原世界纪录创造者、美国海军陆战队退伍老兵乔治·胡德等在内的一众国内外优秀选手，更打破了由自己保持的世界纪录。

今年 44 岁的毛卫东，1989 年参军入伍，2006 年转业到北京市公安局大兴分局工作，2010 年 6 月至今，在北京市公安局特警总队工作。目前，他是北京市公安局特警总队第三支队的副支队长。

两破吉尼斯世界纪录，毛卫东第一次用了短短 1 年多，而第二次，他只用了 1 个月。成绩背后，毛卫东是如何练就的？

要练好平板支撑，首先需要的是充足的体能储备，其次，需要强健的腰腹肌力量，最后，还需要具备良好的自我调节心理素质。而这三方面，毛卫东都兼而有之，无论是身体素质，还是心理素质，军人出身的毛卫东都很过硬。

为强化体能，毛卫东每天都会坚持跑 12 公里左右，还坚持做单双杠等项目。除了特训，毛卫东还会偷偷给自己加练。在生活工作的闲暇，他会挤出时间来练习平板支撑。比如在家里，他常常会练习"加强版"的平板支撑，会在自己的背上及臀部分别放置 15 公斤的、6 公斤的杠铃片，以此展开训练，并坚持一个小时。

其实，练习平板支撑，贵在坚持，它需要的是系统化综合性的训练。毛卫东练习的可不止一个项目，如今，他一口气跳绳可以跳接近 6000 个，长跑可以跑半个马拉松，而仰卧起坐，更能一口气做 4000 多个。

一次又一次地投入训练，一次又一次地自我提升成绩，毛卫东通过不懈的努力，最终成功为自己代言。然而，在他取得如此傲人的成绩背后，他也有着一些不为人知的故事。

在毛卫东的手肘，由于长期训练的缘故，结了一层厚厚的老茧。"其实，训练有时还是很痛苦的，尤其心理很痛苦，会觉得时间特别难熬，特别是前面的几个小时。因此，只能一直提醒自己要耐心点，再耐心一点。"毛卫东说。

与这些辛酸相比，毛卫东谈得更多的还是训练其中的乐趣，训练的乐趣还来自他的家人。毛卫东在家练习负重平板支撑时，他有时还会安排十多岁的女儿站到自己背上，以此进行特训。

平板支撑看似是一个简单的项目，但特别考验一个人，也挑战一个人的极限。"我现在训练的极限，我不知道有多长，但我训练的时候，只要设定一个目标，就会努力完成，而且，从来就没有完成不了的时候。"毛卫东说。

四、学生活动设计

八一玉泉中学的"坚毅月"，结合学校传统活动与 11 月关联节日，设计了大众学生参与的"水滴石穿的信念"和"我眼中的吉尼斯精神"活动，让学生在活动中体悟持之以恒的坚定信念、勇敢顽强的坚韧精神。下面以"水滴石穿的信念"为例，说明学生活动的设计。

（一）活动内容

《汉书·枚乘传》："泰山之霤穿石，单极之绠断干。水非石之钻，索非木之锯，渐靡使之然也。"水有十一种特质：清净、透明、恒顺、原则、谦逊、包容、调和、毅力、勇气、利生、和平。

玉泉中学的学校文化为"上善文化"。上善若水，"水"对于我校来说也有着特殊的含义。作为玉泉中学的学生，应该深入挖掘"水"的特质。

因此，学校举行"水滴石穿的信念"主题班会活动，就是让学生探究水的品质，将水的至善品质融入自身的成长之中。因此，此次活动分为两部分：

探究水的品质：11 月 10 日。"水滴石穿"表面意思为水不停地滴，石头也能被滴穿。柔软的水是靠什么精神穿透石头的呢？请同学们谈一谈对"水滴石穿"的看法。

讨论成长的信念：11 月 10 日。只有一条路不能选择，那就是放弃的路；只有一条路不能拒绝，那就是成长的路。成长路漫漫，会经历许多挫折与变迁，我们该如何坚定自己的信念呢？

现在的青年人口头常说："我好迷茫！"作为现在正值青春的同学们，是否也在成长路上感到迷茫呢？还记得我们小时候的理想和初心吗？在成长路上我们该秉持怎样的信念？

（二）班级纪实

初二（2）班："水滴石穿的信念"总结

各班同学分小组讨论"水"的特质和品性，谈一谈对"水滴石穿"这种精神的看法。

学生能积极地参与到活动中，分小组讨论"水"具备的相关品质，以及对"水滴石穿"的精神有什么理解和感想，学生通过小组讨论，上网收集资料，并进行整理，学生都很认真、积极、主动，热情很高，尤其对上网收集资料比较感兴趣，有些同学还能把物理知识融入"水滴石穿"的感想中。

第二节　明辨：观察、分析、判断

一、内涵解读

明辨，让孩子正确把握未来人生之路。

习近平总书记在与北大师生座谈时，深情寄语广大青年，要"勤学、修德、明辨、笃实"，其中，"明辨"是核心，对广大学生具有极强的现实意义。

一个国家、民族，善于明辨是非，善于决断选择，知道自己是谁，是从哪里来的，要到哪里去，想明白了、想对了，才会坚定不移朝着目标前进。青少年价值取向如何，决定了未来社会的价值取向。

当前，面对纷繁多变、思想多元的社会，面对学业、梦想、生涯规划等多重压力，一时有些疑惑、彷徨、失落，是学生时代正常的人生经历。唯有慎思明辨，以断是非，晓得失，知荣辱，才能做到稳重自持、从容自信、坚定自励，对自己和青春负责，为国家和社会有所担当。

对于广大青少年而言，无论面对何种机遇和挑战，只有树立正确的世界观、人生观、价值观，深入观察社会万象，丰富人生历程，与现实世界遭遇碰撞，才能学会思考、正确抉择。理性审察的能力增强了，判断是非曲直的能力提高了，对一切是非、正误、主次，一切真假、善恶、美丑，自然也就洞若观火、清澈明了，进而才能树立起强大的自信，在自己所处的时代条件下谋划人生、创造历史。

因此，八一玉泉中学提出明辨基因，明辨是具备明理心的重要基因。明辨的内涵是观察、分析、判断的统一。明辨的内涵反映出人正确抉择的历程：认真观察现象，善于发现变化；深入思考现象，洞悉事物本质；进行客观判断，做出果断选择。

我们认为，明辨，让人成为洞察仔细的人。首先意味着在做出抉择前，要细致观察，明察秋毫，了解趋势变化，了解事情真相，做到心中有数，为做出正确的抉择提供依据。明辨，让人成为诊断理性的人。其次意味着面对观察到的现象，要冷静分析，理性思考，不掺杂个人主观意识，透过表面现象洞悉内在本质。明辨，让人成为决策正确的人。最后意味着要根据对现象本质做出的分析，进行客观判断，针对现实问题做出是非辨别，在心中做出对与错的衡量，做出正确的决策。

在 12 月份，学校通过明辨内涵修炼指标体系和各项活动，让学生成为洞察仔细、诊断理性、决策正确的人。

一个洞察仔细的人需要修炼五项指标：尊重事实，实事求是，基于原本事实进行观察；在任何环境和条件下都要保持细心，留心细节，见微知著；要有目的、有计划，明确观察的目标和方向；对纷繁复杂的事实，要擦亮眼睛，不要被表象迷惑；观察过程中要保持耐心，持之以恒，经受住时间的考验。

一个诊断理性的人需要修炼五项指标：能够基于观察的事实之上，进行有理有据的分析；遇到意想不到的问题，要保持冷静，做到不慌不乱；遵循正确合理的逻辑，思考过程要条理有序；运用科学的分析法，得出客观的分析报告；善于接纳别人的意见，综合考虑，明辨是非。

一个决策正确的人需要修炼五项指标：以观察事实和理性分析为基础，保障决策有据可查；明确目标，提出方案，确保判断思路正确；基于初步分析，对决策事项作出预判断；从多个维度进行预期论证，对决策结果进行反复推敲；根据外界条件的变化，对决策结果的合理性随时作出调整。

二、主题阐释

八一玉泉中学将 12 月设立为"明辨月"。"明辨月"的确立主要源自"一二·九"运动（12 月 9 日）、全国法制宣传日（12 月 4 日）。明辨主题旨在借助 12 月的社会节日，结合学生校园生活、校园现象和社会生活，让学生能在活动中，面对家国的大是大非有辨别能力，面对纷繁复杂的社会现象、校园怪现象也能明辨是非，树立正确的人生观、价值观，明辨什么是正确的人生道路。

因此，学校围绕"明辨"基因，开展的教育活动主题是：明辨之思察是非、明理之心观世界。

明辨之思察是非：成长的道路上，会面对很多选择、很多诱惑，什么正确，什么不正确？应该选择什么人生理想？在此过程中你会有迷惘，会有彷徨，但这正是考验和锻炼明辨是非的机会。

在"明辨月"，我们要让学生在对历史的追忆中，在知法懂法等活动中培养审辨性思维，细致观察、善于分析、正确判断，他们才能在面临正确与错误抉择时能明辨是非，在做人做事原则问题上能坚定正确的方向，在大是大非面前能保持清醒的头脑，人生的道路才会越走越宽广。

明理之心观世界：读书以明理，明理以致用，明白是非，通晓道理，才能在面对纷繁的社会现象时做到从容自若，面对人生道路的荆棘时，做到自信应对，面对人生的方向时，做出正确抉择。

在"明辨月"，我们要让学生在活动过程中，经历思想的磨砺和锤炼，明晰事理，树立正确的人生观、价值观，坚定人生信念和方向。明察事理，以不变应万变，以明理心洞察世界万物，树立正确的是非观，分善恶，交净友，不走歧路，不走错路，向着正确的人生方向前进。

学校开展"明辨月"活动，其背后的教育意义有以下几个方面。

（一）让学生能够"仔细观察"

通过"明辨月"活动，让学生能够对社会万象、校园行为、个人学业生活，学会留心细节，学会仔细观察，看问题不被表象所迷惑，明察秋毫，看清事物的本质，认清事实发展的脉络。

（二）让学生学会"理性分析"

通过"明辨月"活动，让学生能够冷静面对学习中、生活中出现的问题、选择和纷扰，学会思考，学会正确地分析问题的方法，不随波逐流、人云亦云。

（三）让学生做到"正确判断"

通过"明辨月"活动，让学生能够真正对选择做出正确的判断，学会制定方案、果断选择正确的解决问题的方案，并坚持执行自己的判断，坚定信念，往正确的人生道路上前行。

（四）让学生拥有 "明理之心"

通过"明辨月"活动，让学生在观察中冷静思考，理性分析，学会做出正确的判断，体会到人要做出正确的抉择的历程，从而培养学生的明理之心，让他们学会不管在学习中，还是生活中，都能辨明事非，坚定不移地向正确的未来走去。

三、明辨故事

➤➤【果断抉择，英雄机长——何超】

据新华社电，中国东方航空公司和民航华东管理局于 11 月 3 日在东航上海飞行部举办表彰会，对果断正确处置"10·11"上海虹桥机场跑道入侵事件的机长何超授予"优秀共产党员"和"先进个人"荣誉，奖励人民币 300 万元；同时授予何超机组"先进集体"称号。

事件回顾：上海虹桥机场两架飞机险些相撞

2016 年 10 月 11 日，东航飞行员何超准备驾驶 A320 飞机执行 MU5643 航班，由上海虹桥起飞，将 147 名旅客送往天津。11 点 54 分，飞机在晚点了 19 分钟后，接到塔台指令滑出。12 点 03 分，塔台指挥飞机进跑道 36L，机组在执行完起飞前检查单之后进跑道。12 点 04 分，塔台指挥：跑道 36L，可以起飞。

然而，就在飞机滑跑速度达到 110 节（每小时 200 公里）左右时，机长突然发现有一架 A330 正准备横穿 36L 跑道，在立即让"中间座"询问塔台时，机长观察并确认该 A330 飞机确实是在穿越跑道，此时副驾驶曾轻点刹车。飞机速度已达 130 节（每小时 240 公里），千钧一发的时刻，飞机速度已接近抬轮速度，加速起飞才可能避免相撞，机长最终决定以最大推力带杆起飞。原来，东航 MU5106 航班载着 266 名旅客从北京飞抵上海，得到空管指令穿越跑道前往航站楼停靠。就在穿越 36L 跑道过程中，MU5106 航班机组发现有飞机正在跑道滑行，立即加速滑行以尽快脱离跑道。最终，东航 A320 飞机从 A330 上空飞越。后续飞行正常，413 名旅客与 26 名机组成员成功脱险。

英雄机长：临危不惧，果断抉择

民航局公布调查结果后，网友们纷纷称赞："机长威武""机长果断"。这位英雄机长的名字叫何超。

民航局"10·11"事故调查通报称，当时两架飞机垂直距离仅 19 米，翼尖距 13 米，两机仅差约 3 秒就会发生碰撞。330 机组接受了穿越跑道的错误指令后，观察不周，虽然看到了飞机起飞，但并未提出质疑。但是何超所在 320 机组没有机械听从塔台原地等待命令，临危决断，加速穿越，避免了两机相撞。

民航局给予这位机长的评价是"处理非常到位、正确，临危决断，立了大功"。且据媒体报道，何超机长技术精湛，在工作岗位上一直兢兢业业。何超曾与机组成员在恶劣天气的影响下，为了保证航班运输，克服连续艰辛的飞行后，再次顽强地投入新的航班任务中。

东航机长仅在 3 秒内就做出了果断起飞的正确决策，既是对生命本身的高度敬重，也是对生命安全的有力守护。新浪专栏记者撰文道：机长何超在尽职尽责做好自己本职工作的同时，还具备超强的临场反应能力和应变能力，值得每一个航空服务人员效仿、学习。

四、学生活动设计

八一玉泉中学的"明辨月"，结合学校传统活动与 12 月关联节日，设计了大众学生参与的"追忆战火中的青春"和"远离网络陷阱"活动，让学生在活动中铭记历史，明辨网络犯罪陷阱，树立正确的是非观。下面以"追忆战火中的青春"为例说明学生活动的设计。

（一）活动内容

1935 年，有人假借民意，策动所谓华北自治运动，实行卖国阴谋。面对敌方的阴谋，复杂的局势，北平大中学生洞察了事实真相，分析了革命局势，果断地进行游行示威活动，展现了青年学生在国难面前明辨是非的能力，体现了学生的爱国情怀。

回顾当年青年学生在"一二·九"运动中不畏日寇强暴，弘扬爱国精神的感人事迹，是当代学生的义务。因此，学校开展纪念"一二·九"主题班会活动，一方面探讨"一二·九"运动中青年学生是如何洞察是非的，另一方面和平年代也需要学生们思考如何爱国，如何为自己的未来做出正确的选择。此活动主要内容是：

纪念"一二·九"：12 月 9 日。"一二·九"运动作为中国解放史上规模最大的学生爱国救亡运动，是中国学生爱国运动史上的光辉篇章。面对大是大非，请同学们探讨一下，作为学生该如何洞察是非，明辨真理？

和平年代的是非观：12 月 9 日。战火纷飞的年代，青年学生不畏困难，明辨是非，抵住诱惑，坚持革命理想，并为之奋斗。前事不忘后事之师，身处和平年代，在国家利益面前，我们该如何做出正确选择？比如，北京时间 11 月 23 日消息，据 BBC 网站报道，德国汽车制造商戴姆勒的一名高管由于停车纠纷发表辱华言论，你怎么看？

在实现梦想的道路上，我们会面对很多困难，很多诱惑，你是否能让浮躁的内心沉静下来，看清方向，做出正确的抉择，为自己的未来开辟正确的道路？

（二）班级纪实

》【 "一二·九" 运动纪念演讲稿】

1935 年 12 月 9 日，是一个令人痛心，但永远值得我们纪念的日子。在这一天，一场轰轰烈烈的爱国运动在北平爆发了。当北平的爱国学生在听到蒋介石下令"绝对不抵抗"后，他们像雄狮一样怒吼起来，把"九·一八"事变以来郁积在心头的仇恨和对国民党蒋介石的愤懑都迸发出来，开展了抗日救亡斗争，掀起了"一二·九"运动。

"一二·九"运动是"五四"以来又一次爱国学生首先行动起来，并得到全国人民响应的运动，至今已整整六十六周年了。今天，我们在此聚会纪念，面对他们"我自横刀向天笑，去留肝胆两昆仑"的爱国情操，面对他们"爱祖国高于一切"的爱国热情，面对他们"国家兴亡，匹夫有责"的爱国精神，我们的心能平静吗？我们能无动于衷吗？当然不能！我们要学习和发扬他们关心国家命运和民族前途及忧国忧民的光荣传统。

如今，我们作为跨世纪的一代，面对未来祖国前途无限光辉灿烂，我们更应该具有爱国之情和树立报国之心。当远赴国外参加演出的同学为了中国的主权毅然放弃时，我们不禁要对他们的行为肃然起敬；当我们的学生闻听中国驻南联盟大使馆被炸后，上街游行以示抗议时，我们又一次看到了学生高昂的爱国热情，再一次从他们的身上感受到了流淌着的爱国热血；当看到一个个海外归来的游子，用他们的知识报效我们的祖国时，我们更深刻地认识到了爱国情操的巨大动力。它才真正代表着一个民族的信念，它才真正是一个民族的象征。它不是与生俱来，但它是厚积薄发；它不是上帝，但它能决定一个国家的兴亡；它不是利剑，但它永远是对外最有利的武器。

"人的生命似洪水奔流，不遇着岛屿和暗礁难以激起美丽的浪花。"面对中国入世，我们真切地感受到了来自各方面的机遇和挑战，面对和平与发展的当今世界，我们面临的不再是战争的洗礼，而是就业的竞争。我们的报国之举也不再是抛头颅、洒热血，而是学知识、建家乡。其实，无论是战争还是竞争，我们都需要一颗爱国之心，只有高尚的爱国情操才能架起我们心中的一杆利益之秤，是"人不为己，天诛地灭"呢？还是"先天下之忧而忧，后天下之乐而乐"呢？

记得古罗马哲学家维吉尔曾经说过"命运始终厚爱勇敢的人"。让我们在文化学习中，勇做一个攀登的人；在业余生活中，敢做时间的主宰者；在社会实践中，争当一个活雷锋。同学们，让我们勇敢地站起来，高举着"弘扬爱国之情，树立报国之志"的旗帜，向着祖国的繁荣，经济的腾飞，民族的振兴而奋勇前进吧！

第九章　上善文化的诚信与慎独基因

八一玉泉中学学生的八大"上善基因"之五是"诚信"、之六是"慎独"，本章将围绕这两个基因展开。"诚"即真诚、诚实，"信"即守承诺、讲信用，诚信的基本含义就是守诺、践约、无欺。"慎独"是指在独处中谨慎不苟，在闲居独处无人监督之时，更须谨慎从事，自觉遵守各种道德准则。古人在探讨人的修养时强调"慎独"，如"此谓诚于中，形于外，故君子必慎其独也"（《礼记·大学》）。诚信和慎独也是八一玉泉中学学生努力追求的文化品质。

第一节　诚信：真诚、务实、守信

一、内涵解读

正如古人晁说之曾说过"不信不立，不诚不行"。诚实守信是中国自古以来的修身治国之本，作为一种美德它深深地镌刻在中华民族的文明史上。对于我们每一个人来说，诚信是为人之道，是立身处世之本，人而无信，就没有立足之地，没有立世之本。

因此，八一玉泉中学提出"诚信"基因，诚信是具备合作力的重要基因，其内涵是真诚、务实与守信的统一。

我们认为，讲诚信的人是待人真诚的人，真诚是一种态度，要求我们对他人坦诚相待，真心实意地与他人交往，以真心换取真心。讲诚信的人是踏实务实的人，务实是一种行为，要求我们在规律性认识的指导下，脚踏实地地去做、去实践。讲诚信的人是诚实守信的人，守信是一种原则，要求我们言必行，行必果，强调人与人之间要彼此尊重，兑现诺言，拥有契约精神。

在3月，学校通过诚信内涵修炼指标体系和各项活动，让学生从自身做起，说诚信话、做诚信事，成为诚信的人，让"诚信"成为学校最强音。

一个真诚的人需要修炼五项指标：待人诚恳，从心底信任他人，以心换心；善待他人，情感真挚，真心地帮助他人；拥有恭敬之心，待人接物谦敬有礼；心怀坦荡，开诚布公，率真自然；不欺骗、不隐瞒、不虚伪，凡事做到问心无愧。

一个务实的人需要修炼五项指标：为人正派、公正坦率；为学、做事认真严谨，一丝不苟；扎实肯干，脚踏实地，不空谈，不虚夸；依照规律和规则办事；表里如一，言行一致，说实在话，做实在人。

一个守信的人需要修炼五项指标：拥有契约精神，将承诺铭记于心；承担责任和义务，兑现自己的承诺；说了就要做，做就要做好；坚守信念，不轻言放弃；遵守信约，讲究信誉，不说谎欺诈，不弄虚作假。

二、主题阐释

八一玉泉中学将3月设立为"诚信月"。"诚信月"的确立主要源自中国"向雷锋同志学习"纪念日（3月5日）、中国植树节（3月12日）、国际消费者权益日（3月15日）等重大节日。诚信主题旨在借助3月的几大社会节日，让学生在雷锋活动中学习雷锋真诚务实的品质，在植树节活动中培养合作的意识，在校园市场等活动中树立诚信消费和经营的意识。

因此，学校围绕"诚信"基因，开展的教育活动主题是：共树诚信之风、共倾合作之力。其内涵如下。

共树诚信之风：诚信是中华民族的传统美德，是社会主义核心价值观之一，是构建和谐社会对人们的基本素质要求。社会需要树立诚信之风，校园同样需要树立诚信之风。

"诚信月"要为同学们营造"诚"的氛围，让他们在为人、求知、处世上形成"诚信之风"，让同学们深刻理解"真诚、务实、守信"的诚信内涵，知晓诚信基因对于人生发展、社会发展的意义，让新一代青少年成为促进诚信社会发展的正能量。

共倾合作之力：精诚合作，其利断金，合作是进步的重要方式之一，是集体进步的重要保障。诚信精神是促使合作成功的要素，因此个人需要借助合作之力，校园同样要有合作之力。

"诚信月"要为同学们创造"合"的机会，鼓励他们在与他人共事中倾注"合作之力"，让同学们真切理解诚信精神对于合作成功的重要意义，去体悟自己作为团队成员应具备的心态与素质，去领略与他人合作过程中的快乐与成就感。

学校开展"诚信月"活动，其背后的教育意义有以下几个方面。

第一，让学生拥有"真诚"的为人修养：以诚学习则无事不克，以诚立业则无业不兴。真诚能够使我们广结善缘，使人生立于不败之地，能够缔造幸福美满的人生。我们要让学生学会用"真诚"的态度与他人相处，让他们在坦诚交往的过程中收获真正的友谊，做任何事情都做到问心无愧。

第二，让学生形成"务实"的做事风格：习近平总书记说："要笃实，扎扎实实干事，踏踏实实做人。"我们以榜样人物的力量，让学生学习如何踏踏实实做事，形成"务实"的做事风格，让学生成为一个不说空话、能干实事的人。

第三，让学生养成"守信"的消费习惯：社会主义市场经济，从一定意义上说是道德经济，是信用经济。市场经济健康发展的当务之急就是要求社会成员有诚实守信的品德，青少年学生作为社会发展的中坚力量，作为国家栋梁之材，从小就要树立守信的意识，拥有契约精神，养成诚信消费的习惯。

第四，让学生具备"诚信"的合作意识：诚信是合作力形成的必备基因，是促成合作的前提和基石。我们要让学生懂得在与人合作的过程中，唯有交付真心，才能换来同伴的信任，才能最终促成合作共赢，共同分享合作成功的喜悦。

三、诚信故事

▶▶【鱼竿和鱼篓的故事】

到过澳大利亚的人，都知道有个广为人知的"鱼竿和鱼篓的故事"：说的是两个年轻人外出旅行，因为迷路越走越远，到了一个人迹罕至的地方。离最近的村镇也有几百公里，所带的食物已经没有了，返回是不可能了。

正在他们绝望的时候，遇到一位钓鱼的老人，老人手里拿着一个鱼竿，鱼篓里有一些鱼。他们向老人求救。老人说，从这里走出去到有人烟的地方，至少有十天的路程，我手里只有鱼竿和鱼篓这两样东西送给你们，请你们自己看着怎么渡过难关吧。说完老人消失了。一个年龄稍大些的人要了鱼，他说，我没有力气去钓鱼了，我吃着这些鱼回去了。另一个人拿了鱼竿心想，有了鱼竿就可以去钓鱼，也没有问题。于是他们就分手各自走了。

几天过去了，拿了鱼的人只走了一半的路程，鱼就被吃光了，刚开始下一半的路程就被饿死了。而那个拿了鱼竿的人，就去寻找能够钓鱼的地方，当他到距离有鱼的地方还有几十公里的时候，他就已经爬不动了，他也被饿死在了路上。

很多年以后，又有两个年轻人同样因迷路来到这个地方，也是他们山穷水尽的时候，同样遇到了钓鱼的老人。他们向老人求救，老人也是分别送他们每人一样东西后就走了。

这两个年轻人是好朋友，他们认为，他们不能分开，现在只有团结起来，共同克服困难，两个人的力量和智慧肯定比一个人的大。就这样，他们共同吃着鱼篓里的鱼向有人烟的地方走去。

果然，在鱼篓里的鱼就要吃完的时候，他们找到了钓鱼的地方，钓了很多鱼，弄成鱼干继续向着来路走。不久，他们又发现了钓鱼的地方，他们又钓了很多鱼。就这样，他们成功地从死亡之地走了回来。

现在，澳大利亚人把这个故事作为他们民族的座右铭，告诉自己的子孙，不论做什么事情，都要精诚合作，而不要自私狭隘。今天的澳大利亚人，正是因为如此而闻名于世，他们有一句格言家喻户晓：合作可以把成功无限地放大，自私狭隘只会毁掉前程。

四、学生活动设计

八一玉泉中学的诚信活动，结合学校传统活动与3月关联节日，设计了大众学生均需参与的"永远的雷锋""共植年级树"活动，凸显了"诚信"中真诚、务实、守信、合作等内涵。下面以"永远的雷锋"为例，说明学生活动的设计。

(一) 活动内容

"雷锋精神"根植于中华民族优秀传统文化和我党我军优良传统沃土。"诚信"精神是中华民族传统美德的精华，"诚信"美德是雷锋精神的重要内涵。

雷锋精神的"诚信"内涵体现在：雷锋时时处处要求自己"对党对人民要忠诚老实"；时时处处激励和鞭策自己"做人民最忠实的勤务员"；时时处处做到"用阶级友爱的精神关心每个同志"。

学校"永远的雷锋"活动，分为三个小主题，"讲雷锋故事""演雷锋事迹"和"评雷锋班级"。整个活动，从讲到演再到评，演绎雷锋故事是活动的亮点，能让学生对雷锋有充分的了解，深刻的认识，从而树立以雷锋为榜样，从自我做起，帮助他人的良好品质。

讲雷锋故事：3月5日。各个班级分小组寻找能够体现雷锋真诚、务实、守信精神的故事，并在班会上开展"讲雷锋故事"的活动，评选出能够体现雷锋真诚、务实、守信精神的"最佳雷锋故事"。

演雷锋事迹：3月7—25日。根据班会确定的三个"最佳雷锋故事"，同学们自由报名参加"雷锋小品"演出活动，每个班由班干部进行组织，各个班级出三个体现雷锋真诚、务实、守信精神的小品，以便参加全校评比。

评雷锋班级：3月28日。在全校范围内开展"雷锋班级"评选活动，每个班级通过小品展演，选出最受同学们欢迎的话剧故事，最终评选出雷锋班级，并荣获一枚"小雷锋班级奖章"。

(二) 班级纪实

高二（2）班：讲雷锋故事，学做雷锋

"雷锋精神"是中华民族传统美德的集中体现，闪耀着共产主义思想的光辉，也反映了社会主义新人的精神风貌和时代特征。几十年来，雷锋精神鼓舞和激励着一代又一代的青少年不断茁壮成长。我们认为每个月都应该是文明礼貌月，每一天都是学雷锋活动日。

在这热情洋溢的 3 月，高二（2）班所有同学都积极参加了班上组织开展的讲学雷锋活动：

学习委员王同学担任了此次活动的主持人，她活动前精心准备串词，活动中认真记录、总结，将此次活动组织得有声有色。

全班 35 个人，分成 7 个小组，组内做了很明确的分工，有的负责查资料、有的负责做课件、有的负责讲故事。

通过学雷锋活动会使我们对"雷锋精神"有新一层的认识，雷锋说的每一句话做的每一件事都被我们记住，因为那是每一个中国人的实践准则，是每一个中国人所崇尚的原则。

第二节　慎独：慎思、慎言、慎行

一、内涵解读

"慎独"一词，出自秦汉之际儒家著作《礼记·中庸》一书："莫见乎隐，莫显乎微，故君子慎其独也。"所谓慎独，就是在别人不能看见的时候，能慎重行事；在别人不能听到的时候，能保持清醒。

最隐蔽的东西往往最能体现一个人的品质，最微小的东西同时最能看出一个人的灵魂，而慎独说到底其实就贵在这三个如一，即慎思、慎言和慎行。

因此，八一玉泉中学提出"慎独"基因，慎独是具备敬畏心的重要基因，其内涵是慎思、慎言与慎行的统一。

我们认为，慎独的人是思维缜密的人，具有较强的逻辑思维能力，考虑问题慎重、细致、周全、有条理，滴水不漏，对思维的周密性有较高的要求。慎独的人是言语谨慎的人，能够分场合、分对象地使用合适的语言与人交流，对他人的秘密能够守口如瓶，对自己说出的话有所把握。慎独的人是行为自律的人，对自身的行动有较强的约束力，不靠别人监督，自觉控制自己的欲望，并且善于检讨，总结教训，完善自我。

在 3 月，学校通过慎独内涵修炼指标体系和各项活动，让学生学会思维缜密、言语谨慎、行为自律，做一个能慎独的人。

一个慎思的人需要修炼五项指标：能够认识事物的复杂性，善于发现问题；对问题进行谨慎的分析、正确的推理；分析问题时，要善于质疑，敢于提问；对没有把握的事，要积极征求他人意见；对他人意见不盲从，有选择性地修正与接受。

一个慎言的人需要修炼五项指标：说话前要三思，考虑要说的话会带来的后果；在不同的场合说不同的话；表达要客观，要有事实依据；对他人的秘密守口如瓶，不要妄自非议；说话要考虑听者的感受，切忌出口伤人。

一个慎行的人需要修炼五项指标：拥有是非观念，知道什么该做，什么不该做；做事前要做好充足的准备，防患于未然；行事过程中，严格自律，克制欲望；做事要谨慎小心，踏实细心，不毛躁；要善于分析总结，积累成功经验，吸取失败教训。

二、主题阐释

八一玉泉中学将 4 月设立为"慎独月"。"慎独月"的确立主要源自世界卫生日（4 月 7 日）、世界法律日（4 月 22 日）、亚非新闻工作者日（4 月 24 日）和交通安全反思日（4 月 30 日）等。慎独主题旨在借助 4 月的几大专题节日，结合校园生活，从身边的事入手，从自己做起，在活动中让学生创建文明卫生的校园，对交通安全有深刻的认识，对新闻事件有自己的思考和判断，养成媒体素养，同时，树立法律意识，远离校园暴力。

因此，学校围绕"慎独"基因，开展的主题教育活动是：怀敬畏之心、做慎独之人。其内涵如下。

怀敬畏之心：敬畏是人类对待事物的一种态度。慎独的前提便是要尊重世界万物存在的价值，不随意侵犯，抱着敬重的态度去与之相处。同时，正是因为自己对自己严格要求，善于自省，才使得自己更加地敬畏生命，形成了与世界万物能够长久共存的友好关系，感受这个世界反馈给自己的更多美好。

做慎独之人：所谓"慎独"，是指人们在独自活动无人监督的情况下，凭着高度自觉，按照一定的道德规范行动，而不做任何有违道德信念、做人原则之事。慎独的关键在于自我管理、自我约束。我们的学生要学会严于律己、谨慎从事、勤于反思，自觉遵守道德准则，懂得克制自己的欲望，在日常学习和生活中养成自省、自重、自律的做事习惯。

学校开展"慎独月"活动，其背后的教育意义有以下几个方面。

第一，让学生养成"慎思"的思考习惯：思维方式会伴随学生一生的发展。我们要让学生通过"慎独月"的活动，养成理性思考的习惯，在处理事情之前，要细心揣度，反复思量，顾全大局，具备逻辑推理的能力。

第二，让学生掌握"慎言"的说话尺度：卡耐基曾经说过，一个人的成功，约有 15% 取决于知识和技能，85% 取决于沟通。语言，既能让人获得机会，也能让人失去机会；既能获得朋友，也能伤害朋友。我们要让学生通过"慎独月"的活动，掌握语言的表达技巧，懂得什么该说，什么不该说，知道怎样去说。

第三，让学生形成"慎行"的做事风格：有什么样的行为，就有什么样的人生。不慎的行为可能铸成一生的大错。我们的学生正处于身心成长的关键时期，需要养成稳重、谨慎的做事风格，避免莽撞和毛躁，在做事过程中踏实认真、谨慎小心，做有把握的事，成为遵纪守法的合格公民。

第四，让学生对世界万物怀有敬畏之心：通过让学生对自己的言行举止进行自我约束、自我要求，其最终的目的就是要让学生懂得，要以尊重、敬畏的态度与他人、与自然、与社会相处，知方圆、守规矩，踏踏实实干事，干干净净做人，严守道德底线。

三、慎独故事

》》【"四知先生"杨震暮夜却金】

杨震为官清廉，不谋私利。他始终以"清白吏"为座右铭，严格要求自己，"不受私谒"，这不但在古代是十分可贵的品德，就是在现代也是人们十分欢迎和敬仰的品质。

杨震在由荆州刺史调任东莱太守赴任途中，路经昌邑（今山东巨野县东南）时，昌邑县令王密，是他在任荆州刺史时举"茂才"提拔起来的官员，听说杨震途经本地，为了报答杨震的恩情，特备黄金十斤，于白天谒见后，又乘更深夜静无人之机，将黄金送给杨震。杨震不但不接受，还批评说："我和你是故交，关系比较密切，我很了解你的为人，而你却不了解我的为人，这是为什么呢？"王密说："深夜无人知道。"杨震说："天知、地知、我知、你知，怎能说无人知道呢？"受到谴责后，王密十分惭愧，只好作罢。杨震"暮夜却金"的事，古今中外，影响很大，后人因此称杨震为"四知先生"。

杨震为官，从不谋取私利。在任涿郡（今河北省涿州市）太守期间，从不吃请受贿，也不因私事求人、请人、托人，请客送礼。他的子孙们与平民百姓一样，蔬食步行，生活十分俭朴。亲朋好友劝他为子孙后代置办些家业，杨震坚决不肯，他说："让后世人都称他们为'清白吏'子孙，这样的遗产，难道不丰厚吗！"

四、学生活动设计

八一玉泉中学的慎独活动，结合学校传统活动与4月关联节日，设计了大众学生参与的"创建文明卫生校园""安全出行靠自己"活动，凸显"慎独"基因中慎思、慎行等内涵。下面以"创建文明卫生校园"倡议书为例，说明学生活动的设计。

（一）活动内容

爱默生曾说，健康是人生第一财富。如何保持健康？一个清洁的卫生环境是首要条件。因此培根说，清洁仅次于圣洁。整洁优美的校园，不仅可为师生提供赏心悦目的学习环境，也对学生的品格修养起到潜移默化的教育作用。一个校园、一个班级的环境卫生如何，是整个学校和班级整体风貌的一面镜子，与每一名成员息息相关。

因此，在 4 月"世界卫生日"来临之际，学校举行"创建文明卫生校园"倡议书活动，对学生进行科学卫生知识教育、培养卫生习惯，倡议学生争做文明卫生人，从自身做起，塑造慎行的品质。活动流程主要为以下两个方面。

召开倡议仪式：4 月 7 日。海淀在精神文明建设上的定位是文明海淀。学校在 4 月 7 日"世界卫生日"当天，召开"创建文明卫生校园"倡议仪式，向全校学生发出美化校园环境的倡议。并在仪式之后，将倡议书的内容循环播放，让同学们在心中逐渐形成自觉保护校园环境的意识。

环境清扫与监督：4 月 7 日至月末。在"创建文明卫生校园"倡议书发出后，每个班级安排校园环境清扫任务，并对乱扔垃圾、乱丢纸屑的现象进行监督和制止，改变不良的卫生陋习。

倡议书内容：

1. 从今天起，让我们做八一玉泉的环卫保洁员。我们要养成文明健康的生活方式，树立公共环境卫生意识，自觉摒弃不文明、不卫生行为。

2. 从今天起，让我们做八一玉泉的环卫监督员。我们要积极维护好环境卫生，对损害环境卫生的行为进行劝导和制止。

3. 从今天起，让我们做八一玉泉的环卫宣传员。我们要身体力行，以自己的模范行为带动身边的人，形成人人自觉参与卫生整治工作，个个主动维护环境卫生的良好局面。

4. 从今天起，让我们做八一玉泉的文明大使。爱护公共设施，不故意损坏公物；杜绝"课桌文化"；爱护环境，做好个人卫生。

（二）班级纪实

初一（1）班：全员参与班级焕新活动

我们以"世界卫生日"为契机，4 月 10 日进行了班级大扫除，全班同学全员参与，彻底清理了卫生死角，让班级焕然一新。学校利用周一升旗仪式时间，向同学们发出"创建文明卫生校园"倡议书，倡议内容在学校循环播放。

为了此项活动的顺利推进，班级中进行了宣传动员，让学生们认识到创建文明卫生校园的重要性及必要性。同时，班级卫生部重申了班级卫生标准，班级纪律部总结了同学们前一段时间遵规守纪的表现。在此基础上，班主任提出"创建文明卫生班级"能建议。在周一的下午，全班全员参与，进行了班级环境清扫与布置。班级、楼道进行了彻底的清理。卫生部在大扫除之后对所有同学的表现进行了总结，表扬了先进，对平日的卫生维护也提出了具体的要求。

第十章　上善文化的开放与自主基因

八一玉泉中学学生的八大"上善基因"之七是"开放"、之八是"自主"，本章将围绕这两个基因展开。"开放"即敞开、张开、舒展、释放的意思，意味着解除限制、打开心胸接受新事物。"自主"指自己主动、不受别人支配，就是遇事有主见，能对自己的行为负责。在今天的新时代，开放和自主同样是八一玉泉中学学生需要培养的文化品质。

第一节　开放：理解、拓展、沟通

一、内涵解读

开放，是一种修养，一种个性，一种气度；是不故步自封，不固执僵化，不排斥交流；是能正确地对待自己、他人、社会和周围的一切；是对自己的专业和周围的世界都怀有强烈的兴趣，喜欢钻研和探索；是热爱创新，不墨守成规，是谦虚，虚心接受他人意见，乐于与人交流；是乐于和别人分享；是乐于承担责任和接受挑战；是具有极强的适应性，乐意接受新的思想和新的经验，能够迅速适应新的环境；是坚强的心胸，敢于面对任何的否定和挫折，不畏惧失败。

没有开放的心态，一个人就不能学会新东西，也不可能进步和成长。开放的心态，是学习的前提，也是沟通的基础。开放的心态才能使人持续进取，保持活力，才能不断吸取新知，才能和团队保持良好的互动。

因此，八一玉泉提出"开放"基因，开放是具备学习力的重要基因。开放的内涵是理解、拓展与沟通的统一。理解是开放的第一步，敞开心扉去关注和理解世界万物，让视野更加开阔；拓展是将多种智慧用于己身，加强自身认知的广度与深度，让学识更加丰富；沟通是与他人交流学习及生活经验，让交流更加顺畅。

我们认为，开放的人是视野开阔的人。首先，要认识世界，拥有全球视野，关注不同地域、国家、地区人们的差异，树立合作共生的意识，成为视野开阔的人。开放的人是学识渊博的人。其次，要进行自我内化学习，在掌握基本知识的基础上，进行适当的学习拓展，吸收有益的知识，丰富自身的文化内涵，成为学识渊博的人。开放的人是乐于交流的人。最后，要向他人学习，善于发现他人身上的闪光点，学习他人的长处，主动与他人沟通分享，成为乐于交流的人。

在 5 月，学校通过开放内涵修炼指标体系和各项活动，让学生成为视野开阔、学识渊博、乐于交流的开放之人。

一个视野开阔的人需要修炼五项指标：拥有全球意识，关注世界各地区的发展动态，具有国际视野；关注世界各地区的文化差异，尊重文化的多样性；有选择性地学习和借鉴世界先进文化及科学技术；理性地看待中西文化差异，形成正确的世界观；理解合作共生的意义，有意识地寻求国际合作的机会。

一个学识渊博的人需要修炼五项指标：打破封闭心态，对外界事物保持谦虚与学习的态度；对自身的提升与发展有所期待与要求；热爱学习，对获取知识保持持久的兴趣；知晓自身的缺陷，清晰知识的漏洞；形成终身学习的意识，活到老，学到老。

一个乐于交流的人需要修炼五项指标：正确认识自身的缺点，善于发现他人的优点；主动了解他人的思想和文化，并与自身加以比较；尊重他人的思维方式与表达习惯，学会与人和睦相处；积极表达自己的观点，传播自身的思想和文化；心平气和地与人交流想法，虚心接受他人提出的意见。

二、主题阐释

八一玉泉中学将 5 月设立为"开放月"。"开放月"的确立主要源自五四青年节、世界文化发展日等社会节日，以及学校传统活动"五四表彰""非毕业年级游学"和"初三一模、高三二模"。开放主题旨在借助社会节日，结合学校传统活动，设立了两项大众学生活动和两项试点班学生活动，让学生在活动中养成开放的基因。

为此，学校围绕"开放"基因，确立了"开放宽视野、学习厚底蕴"主题，其内涵如下。

开放宽视野：具备开放基因，能够让学生广泛地涉猎，吸收古今中外优秀文明智慧，开阔自己的眼界，提升人生的格局。思路决定出路，开阔的思路需要宽阔的视野。我们一方面要引导学生了解多元文化，加深对文化多样性的理解，让眼界变得更加开阔；另一方面要引导学生多层面、多角度地思考问题，形成对世界万物独特的见解，让格局变得更加高远。

学习厚底蕴：具备开放的基因，能够让学生对世界万物怀有学习之心，能够在日积月累的学习中，提升文化内涵，丰厚文化底蕴。活到老，学到老，学习是一个连续不断的过程。我们一方面要引导学生深入地学习，拥有对知识拓展探究的学习追求，提升自身的文化内涵；另一方面要引导学生持续地学习，养成终身学习的良好习惯，丰富自身的文化底蕴。

学校开展"开放月"活动，其背后的教育意义有以下几个方面。

第一，让学生开阔视野：通过"开放月"活动，让学生了解世界各地的多元文化，理解世界多民族的文化差异，扩大自己的知识面，培养国际视野，让更多的学子有志于闯世界，树立更远大的理想。

第二，让学生拓展知识：通过"开放月"活动，让学生了解优质的学习方法，改进自身不当的学习习惯，吸收更多有益的知识，让知识体系更加完整，让思考维度更加全面，将知识理解得更加透彻、有深度。

第三，让学生善于沟通：通过"开放月"活动，让学生敞开心扉大方地去与他人沟通，谦虚地向他人请教，流畅地表达个人观点和意见，在与他人交往的过程中，多发现和学习他人身上的优点，改进自身的缺点。

第四，让学生提升学习能力：开放的学习态度，带来学生学习能力的提升。学生在以开放的心态了解方方面面知识的过程中，资料的收集能力、信息的辨别与筛选能力、课题探究能力等都获得了提升，而这些能力的获得正是学生学习能力提升的表现。

三、开放故事

》》【奥巴马：成功与博览群书密不可分】

奥巴马的成功并非仅仅取决于他的政治主张，更与他良好的家教传统和他博览群书密不可分。其家庭教育和博览群书的习惯更值得普通人借鉴。

奥巴马的母亲无疑是一个伟大的教育者。她突破种族偏见嫁给黑人，与奥巴马的父亲离婚后依然胸怀宽广，为其父亲树立良好形象，并让奥巴马从小接受精英而多元化的教育。从星期一到星期五，她都会在凌晨4点叫奥巴马起床，教他3个小时的英文，然后，奥巴马再去学校接受当地教育，妈妈再去上班。

除了很好的家教之外，奥巴马成长的过程中书籍对他的影响很大。他在美国哥伦比亚大学和哈佛大学读本科和研究生，这两所大学都是美国最顶尖的大学。学校的图书馆是奥巴马当年在哥伦比亚读书时花时间最多的地方，常常一待就是一整天，在哥伦比亚大学期间，书籍是奥巴马最好的伴侣和朋友。

在战后美国历届总统中，奥巴马可能是最爱读书的，而且他读的书的确很多。美国媒体也认为，他是美国很长时间以来难得一见的"有文化的总统"。著名学者李欧梵说："即使奥巴马选不上总统，他也有足够资格成为一名作家。"奥巴马竞选成功的演讲稿，大部分是他自己写的，因为它的风格、遣词造句与他这本自传的语言都是一致的流畅优雅。

博览群书的好习惯造就了奥巴马的成长与成功。

四、学生活动设计

八一玉泉中学的开放活动，结合了学校传统活动与 5 月关联节日，设计了大众学生参与的"我的荐书单""五四榜样在身边"活动，凸显"开放"基因中拓展、交流的内涵。下面以"五四榜样在身边"为例，说明学生活动的设计。

（一）活动内容

五四青年节源于我国 1919 年反帝爱国的"五四运动"，五四爱国运动是一次彻底的反对帝国主义和封建主义的爱国运动，也是中国新民主主义革命的开始。1939 年，陕甘宁边区西北青年救国联合会规定 5 月 4 日为"中国青年节"。

如今，五四青年节既是一次青年学生弘扬爱国思想的运动，也是青少年的一次成人仪式。学校一直有"五四表彰"的传统活动，为优秀学生颁发奖章，并将其树立为学习榜样。

因此，在五四节日期间，学校将延续"五四表彰"传统，举行"五四榜样在身边"活动，"五四奖章"获奖者与学生面对面交流、学习。此次活动流程如下：

班级征集问题：5 月 4—9 日。各班的同学在参加完"五四表彰"活动后，对获得"五四奖章"的同学有了一定了解，针对自身在学习、生活上存在的困惑，提出问题，由各班学生干部进行问题的统计与归类，最终将共性、具有代表性的问题挑选出五六条。

五四榜样答疑解惑：5 月 10 日。五四奖章获得者针对同学群体中的典型问题通过面对面或者做客网络电视台的方式进行解答。如采用面对面的方式，则每个班级选出一名代表与五四奖章获得者进行一对一交流，之后再将交流结果反馈给班上其他同学。

（二）班级纪实

初二（6）班："学习身边榜样"主题班会

我校开展了"五四榜样在身边"主题教育系列活动。我班开展了"学习身边榜样"主题班会，为学生提供了一个重新认识身边榜样力量的平台，在班级里形成了崇尚榜样、学习榜样、赶超榜样的氛围，进一步推动了优良学风的建设，营造了良好的育人氛围。

一是挖掘榜样，树立典型。以学校的五四颁奖为契机，结合海淀区优秀班干部、优秀三好学生、校三好、校优干的评选，挖掘出数位优秀同学为典型，他们中有的面对困难、自强不息；有的关心集体、乐于助人；有的刻苦钻研、成绩优异；有的多才多艺、挑战自我。他们都是同学们身边的典型，"教育之于心灵，犹雕刻之于大理石"。榜样力量来自榜样的真实，拉近了大家之间的距离，获得了同学们的共鸣和认同，同时使主题活动更富有感召力、鲜明性，更激起学生的参与热情。

二是组织实施，教育过程。举行"榜样在我身边"优秀学生事迹班会。5 月 19 日下午班会时间，在我班举行了"榜样在我身边"优秀学生事迹班会。"榜样在我身边"优秀学生事迹宣讲团由四位同学组成，分别是自强自立典型——万同学、服务班级典型——于同学、工作创新典型——韩同学、全面发展典型——苏同学。班会上，四位同学从不同层面、不同角度介绍了自己在自强自立、勤奋学习、全面发展等方面取得的成绩。在演讲过程中，他们将自己学习、工作、人际交往等方面的好经验、好做法悉数传授给在场的同学。之后，全班同学就怎样学习、怎样规划初中生涯、如何处理好工作与学习的关系等问题与优秀同学进行了深入的交流。

三是创新形式，取得效果。在榜样教育中，我们多层次、全方面地宣传优秀学生的事迹，举办了优秀学生事迹班会——言传身教，微信互动——生动活泼，方法总结——详细介绍，这些都在一定程度上极大地满足了不同的学生对教育的不同需求，充分保证了教育的效果。例如，在班会中于静娓娓道来的成长故事和心路历程鼓舞和激励了在场的每个同学，同学们纷纷表示要从我做起，从现在做起，学习他们勤奋刻苦、勇于实践、不断创新的精神，不断提高自己在各方面的能力，努力成为一名积极向上、全面发展的优秀学生。而在微信互动中，一名同学在学习心得中写道：通过参加本次主题班会，他们的故事深深地感染了我，让我深切地体会到了榜样的真实，让我一下子找到了定位和人生的目标。

最后，充分发挥榜样的连锁效应。这次主题教育活动的历程，让更多的同学来学习他们，甚至是赶超他们，这对于这些优秀同学来说，可能更多的是鞭策和鼓励，从某种程度上又促进了榜样们自身的提高，从而又带动了其他同学的新一轮成长。这样的良性循环，充分发挥了榜样的连锁效应，内化了榜样教育的效果，从而在同学们中掀起了"知榜样事迹、仿榜样行动"的高潮，推动了构建优良学风氛围。

第二节　自主：自立、自为、自强

一、内涵解读

韩非子曰："恃人不如自恃也，人之为己者不如己之为人也。"这告诉我们，人必须要依靠自己获得成功。为了成功地生活，少年人必须学习独立自主，因为路要靠自己去走，才能越走越宽。

"自主"作为一种教育理念和新课改积极倡导的学习方式，也是教育"以人为本""尊重生命"的集中体现。自主成长是一个过程，是每一个生命个体在教育的外部条件和环境的激发下，其主体性、主动性、独立性和创造性得到充分发挥，从而掌握自我发展的主动权，激发个体自我发展的内驱力，调动个体自我发展的能动性，积极主动地求得全面和谐发展的活动过程。

因此，八一玉泉提出"自主"基因，自主是具备发展力的重要基因。自主的内涵是自立、自为与自强的统一。

我们认为，自立的人是自我主导的人，自立是一种积极的人生态度，它促使学生做生命的主人，在思想和行动上不依附于他人，独立地去面对学习和生活中的问题。自为的人是自我管理的人，自为是一种有节的做事原则，它要求学生在做事过程中保持理智的头脑，合理地把控做事的尺度，严格地管控自己的行为。自强的人是自我完善的人，自强是一种向上的奋斗精神，它激励学生要不断地突破现状、超越自我，能够树立进阶的目标，通过踏实的努力获得自我提升。

在 6 月，学校通过自主内涵修炼指标体系和各项活动，让学生成为能自我主导、自我管理、自我完善的人。

一个自我主导的人需要修炼五项指标：做自己的主人，善于经营自己的人生；不依赖别人，自己的事情自己做；能够直面并解决学习及生活中遇到的问题；有自己的主见，不盲从他人的意见；自食其力，靠自己的力量而有所建树。

一个自我管理的人需要修炼五项指标：客观地、正确地分析自我的能力；依靠理智的头脑，作出正确的决策；掌握做事的尺度，知道什么该做什么不该做；在无人监管的情况下，能够严格地约束自己；不依靠他人的督促，自动自发地去努力。

一个自我完善的人需要修炼五项指标：不满足于现状，对未来发展充满无限渴望；明确适合自己进一步发展的目标；积极进取，拥有实现目标的魄力；在困难面前不低头、不灰心、不放弃；在努力过程中进行自我修正，一步步进行自我提升。

二、主题阐释

八一玉泉中学将 6 月设立为"自主月"。"自主月"的确立主要源自社会活动全国爱眼日（6 月 6 日）、父亲节（6 月 19 日）、国际禁毒日（6 月 26 日），学校活动则是中考、高考。自主主题旨在借助 6 月份的三大社会节日，以及学生们马上要面临的中考、高考，让学生在活动中磨炼自立、自为和自强的品质，做一个自主的人，从而学会自主生活、自主学习。

因此，学校围绕"自主"基因，开展主题教育活动的主题就是：强自主之识、立发展之志，让学生有自主意识，有梦想有志气。

强自主之识：自主基因是一个实现自我价值的重要途径。学生要增强自主意识，承担起自我发展的责任，学会做自己人生的主人；管理好自己的学习和生活，积极地养成良好的习惯；明确未来成长的目标，能够不断地去挑战自我、超越自我。要让自己成为一个从思想到行动真正自主的人，在自我主导、自我管理、自我完善的过程中发现自身的价值，更好地主宰自己的命运。

立发展之志：自主基因是一个人不断向前发展的驱动力。学生要树立自我发展的志向，对自己的学业及生活有所思考，激励自己突破现状，激发内在的前进欲望，树立更高层次的目标，自动自发地向着既定目标不断地努力。要让自己成为一个既把握当下，又放眼未来的人，在自我规划、自我修正、自我完善的过程中获得更好的发展。

学校开展"自主月"活动，其背后的教育意义有以下几个方面。

第一，让学生拥有"自立"的人生态度：通过"自主月"活动，让学生摆脱对他人的依赖，学会对自己未来的学业及人生负责，能够真正地从成长过程中意识到自身的进步，独立地去完成自己能够承担的任务，依靠自己的本领去赢得人生的成功。

第二，让学生形成"自为"的做事原则：通过"自主月"活动，让学生学会自我管控自己的意识与行为，能够清晰地认识自我，把握好做事的方向与尺度，能够学会摆脱诱惑，朝着正确的方向坚定不移地努力。

第三，让学生养成"自强"的奋斗精神：通过"自主月"活动，让学生懂得，人生只有不断奋斗才能实现生命的最大意义，引领学生不断地去挑战自我、超越自我，向着更高的目标进步，为自己的人生发展创造无限的可能。

最后，让学生实现自主发展：自主是发展力形成的基本基因，是促成学生成长和生命发展的基石。我们要让学生懂得只有做到自立、自为、自强，才能实现自我主导、自我管理、自我完善，才能成为一个自主的人，才能为生命创造出更大的价值，实现个人生命的不断发展。

三、自主故事

》》【尼克·胡哲：做自己生命的战士】

尼克·武伊契奇出生于 1982 年 12 月 4 日。他一生下来就没有双臂和双腿，只在左侧的臀部以下的位置有一个带着两个脚指头的小"脚"。

看到儿子这个样子，他的父亲吓了一大跳，甚至忍不住跑到医院产房外呕吐；他的母亲也无法接受这一残酷的事实，直到尼克·武伊契奇 4 个月大才敢抱他。

武伊契奇的双亲并没有放弃对儿子的抚养，而是希望他能像普通人一样生活和学习。到了该上学的年龄时，父母做出了一个艰难但可能也是最正确的决定：把儿子送进当地一所普通小学就读，而不是去为残障儿童设立的特殊学校。在去学校之前，一切都很好。但一旦失去父母的庇护，无助的尼克就必须独自承受风雨了。

他需靠电动轮椅才能行动，要靠护理人员的照顾。母亲发明了一个特殊塑料装置，帮助尼克拿起笔。生活上的困难并没有吓倒尼克，他勇敢地面对一切困难，努力学习照顾自己。但同学们的嘲笑和尖叫让7岁的尼克感到深深的自卑和孤独，内心充满无奈和绝望。

在学校里受到同学欺负，尼克毫无还手之力。8岁的时候，尼克非常消沉，甚至冲母亲大喊他想死。10岁时的一天，他试图把自己淹死在浴缸里，但是没能成功。在绝望之时，父母的爱让尼克度过了最艰难的一段时期，他们一直鼓励尼克学会面对困难，尼克也逐渐交到了朋友，变得乐观而又勇敢。

真正让尼克发生改变的事情是在13岁那一年，母亲剪下报纸上的一篇文章给他看，上面刊登了一个残疾人走出困境找到人生意义的故事。主人公没有被残疾压垮，而是为自己设立了一个个人生目标，并且逐一去实现，在实现理想的路上他还不断帮助别人。主人公的一句话更是深深打动了他："上帝把我们生成这样，就是为了给别人希望。"尼克振作起来，他终于明白了，自己不是这个世界上唯一不幸的人，自己也不是一个没有"明天"的人……

从那时开始，尼克尝试凡事感恩，抱着积极和乐观的态度去生活。他渐渐学会了应对自己的不自如，开始做越来越多的事情，做那些其他人必须要手脚并用才可以完成的事情，比如刷牙、洗头、用计算机、游泳、运动……七年级时，尼克去竞争学生会主席，成功当选。他与学生会同伴一起参与地方慈善机构和残疾组织的各种事务。无论做什么，他都要付出比别人多几倍甚至几十倍的艰辛，但尼克从未放弃。回想起当初在普通学校艰难的求学经历，尼克说这是父母做出的最佳抉择。因为那段经历让他融入社会，变得更加独立。

四、学生活动设计

八一玉泉中学的自主活动，结合学校传统活动与6月关联节日，设计了大众学生参与的"爱眼进行时"和"我和爸爸妈妈有个约定"活动，体现了要立习惯、要自为、要自立、要感恩的自主内涵。下面以"我和爸爸妈妈有个约定"为例，说明学生活动的设计。

（一）活动内容

你是否想过，父母为家庭奔波劳碌有多么的艰辛？

你是否想过，父母有时只想和你单独地坐坐、走走、谈谈？

你是否想过，父母也有自己想做的事？

……

那么，

你是否愿意与父母共同分担生活的责任？

你是否愿意与父母相伴，去陪伴他们？

你是否愿意与父母相携，去帮他们做他们想做的事？

……

因此，在父亲节来临之际，学校举行"我和爸爸妈妈有个约定"活动，让学生主动与父母对话，走进父母的内心，了解他们的心路历程，打破子女与父母之间仿若两个世界的隔阂。此活动主要流程是：

采访家长：6月13—19日。时间都去哪儿了？抽个时间，与家里的主人爸爸（妈妈）来一次深入的谈话，听他讲一讲心里话……

亲子公约：6月13—19日。通过采访，了解了父亲（母亲）身上的责任，为了感谢父亲（母亲）对家庭的付出，建立"亲子公约"，用一年的时间帮助父亲（母亲）共同完成三件事情，为父亲（母亲）分担生活的压力，让自己真正地变得"自立"，让父亲（母亲）感受到孩子的成长。

给父亲（母亲）写一封信：6月19日。俗话说："父爱如山，母爱如海。"父爱是不可攀登的山，母爱像宽阔、无边无际的海洋。有母亲的呵护，父亲的保护，你会感受到爱在身边，无时无刻地保护你、呵护你。用最简单的言语，来对父母说出心中最真挚的语言、最美好的祝福吧！

（二）班级纪实

初二（4）班：对爸爸大声说出爱

每年6月份的第三个星期天是"父亲节"。以往，我们总是过"三八妇女节"、"母亲节"，唱的歌也总是"世上只有妈妈好！"孩子们对妈妈的情感和依恋远超过对爸爸的情感，其实，父亲的角色在孩子的成长道路上有着不可或缺的作用，父亲也有其温柔的一面，父亲也有着与子女嬉戏的渴望。

我们利用"父亲节"这次机会举行了"介绍我的爸爸和给爸爸写封感谢信"的主题活动，设计此活动来激发孩子关爱爸爸的意识。

为此，我们先让学生把想对爸爸说的话表达出来，孩子们说"爸爸您辛苦了""爸爸祝您工作顺利""爸爸祝您节日快乐，我爱您"等让人感动的话。然后学生把自己和爸爸的合照带到了班里，一一地为其他同学讲解照片的内容，爸爸的爱好和爸爸的工作等，学生们对彼此的爸爸都有了一定的了解，其中有的孩子说到爸爸最爱吃辣椒，让大家哈哈大笑，课堂上每个人表现都很好。之后在老师的带领下，孩子们用各式彩纸，认认真真地为爸爸写了一封感谢信，决定在父亲节那天交给爸爸。此外，我还叮嘱学生们在将信件交给爸爸的同时，一定要格外关注爸爸当时的神态与接下来说的话。在下次班会的时候，全班同学会在一起讨论。

孩子们通过此活动，更爱爸爸了，也会关心爸爸了。

下篇　生命教育的校本化课程实践

第十一章　"爱的甘露润心田"课程模块设计

尊重是具备同理心的重要基因。尊重的内涵是自尊、感恩与关爱的统一。

自尊，是学会尊重的起点，是一种时刻维护自己人格尊严的积极的心理状态。懂得自尊，要有自我抱负、要能自我认可、要会自我爱护。

感恩，是对他人付出的尊重，是对他人给予自己帮助的一种感激与回报。感恩他人，要有真诚之心，要有感激之情，要有报答之意。

关爱，是赢得别人尊重的条件，是让别人感受到温暖与关怀的一种表现。关爱别人，要有同理心态，要有平等意识，要有奉献精神。

一个懂得尊重自己的人需要修炼五项指标：肯定自我，认可自身存在的价值；爱护自我，珍惜和保护自己的生命；不卑不亢，为人处世要维护自己的尊严；怀有抱负，拥有追求，相信自己的实力；不骄不傲，谦虚为人，赢得他人的认可。

一个懂得感恩他人的人需要修炼五项指标：对世界万物的无私给予铭记于心；认可他人的价值，尊重他人为集体荣誉做出的贡献；珍惜他人的付出，对他人的贡献真心感谢；心胸豁达，宽容大度，凡事不斤斤计较；懂得回报，尽自己的能力帮助他人。

一个懂得关爱别人的人需要修炼五项指标：懂得换位思考，凡事多注意他人的感受；心存善意，温和有礼地与人相处；关心他人的需求，留心观察他人的难处；尽己所能帮助他人，不求回报与索取；乐于奉献，给予他人关切与温暖。

本课程模块总目标：

让初一的同学们学会尊重自己，学会自尊自爱，学会爱惜生命，认识崭新的自己，发现自身的价值。

让初二的同学们学会感恩他人，感谢老师的付出，感谢聂帅的贡献，用感念之心回馈种种恩情。

让初三的同学们学会关爱他人，关爱学弟学妹，关心校园生活，为他人奉献自己力所能及的爱。

第一节　自尊

主题 1：认识新的"我"

活动目标：

1. 内容目标：让学生了解"SWOT 表"的基本功能和用法，学会制作"SWOT 表"；知晓采访他人的环节与技巧；能够自己制作个人名片。

2. 成长目标：让学生通过自我认知以及他人对自己的评价，学会客观地看待自己的优缺点；能够向全班师生展示自己，正确看待他人的点评，树立自尊心与自信心。

第 1 课：制作"我"的 SWOT 表

一、活动流程

第一步：带学生认识"SWOT 表"。组织并带领学生认识"SWOT 表"，让学生通过查阅资料，认识"SWOT 表"这一科学的自我认知分析工具。

第二步：分发""我的优点和缺点采访"任务单"。为学生布置家庭作业，安排学生进行个人优缺点采访。

第三步：让学生总结自己眼中的优缺点。为每位学生分发 A4 纸，让每位同学至少总结"3 条自己的优点"和"3 条自己的缺点"，并写在 A4 纸上。

第四步：分发""制作我的 SWOT 表"任务单"。让每位学生按照任务单的格式自己手工制作个性化的"SWOT 表"，并进行展示。

二、课型建议

在"认识'SWOT 表'"环节，可采用"班会研究与思辨课"，让学生进行"SWOT 表"知识的收集、研究、思考与辩论；在"别人眼中的'我'"环节，可采用"外出采访课"，在学生启动任务前为他们介绍采访的一些要点及注意事项；在"我眼中的自己"环节，可采用"班会展示课"；在"制作'我'的 SWOT 表"环节，可采用"动手制作分享课"。

三、评价方式

过程性评价：（1）学生对"SWOT 表"进行资料收集与研究后的认识程度以及踊跃发

言情况。（2）学生对"自己优缺点"进行展示与表达的情况。

结果性评价：（1）学生对《"我的优点和缺点采访"任务单》的完成情况。（2）学生对《"制作我的SWOT表"任务单》完成的准确度、精彩度以及自我展示表达情况。

主题2：爱自己，爱生命

活动目标：

（1）内容目标：让学生通过情景案例分析，认识自尊的重要性以及形成正确的自我认知价值观；了解作为一名初中生自尊自爱的表现；掌握生命急救的相关知识和技能。

（2）成长目标：让学生学会无论面对何种情况都要自尊自爱；让学生认识到生命的意义，形成尊重生命、爱惜生命的价值观。

第2课：自尊者，人恒敬之

一、活动流程

第一步：分析案例，让学生谈谈对自尊的看法。通过案例分析，引导学生在面对他人交代的任务时要形成强烈的责任心，在面对挫折与低谷的时候保持积极向上的心态，不自欺、不欺人。

第二步：联系情境，让学生说说心中的看法。通过情境教学法，为学生分别设置对立的"正面情境"和"负面情境"，让学生根据不同的情境，写下自己内心真实的感受。

第三步：阅读文段，让学生谈谈如何做到自尊自爱。通过让学生阅读《中学生日常行为规范》中"自尊自爱，注重仪表"的内容，让学生了解初中生自尊自爱的表现与要求。

二、课型建议

在"脑力热身"环节，可采用"案例分析课"，让学生联系案例表达自己对主人公言行的认知与评价；在"说说心里话"环节，可采用"情境表达课"，为学生设置分析问题的场域，表达自己的观点；在"朗读与表达"环节，可采用"朗读辩论课"让学生了解中学生自尊自爱的表现，随后针对现代中学生的自尊自爱做法进行辩论。

三、评价方式

过程性评价：（1）学生对案例的理解与分析程度，是否具有正确看待与分析问题的能力，是否具有积极的心理；（2）学生对正反情境设置的分析与表达程度，对自尊问题的认识程度；（3）学生对《中学生日常行为规范》中"自尊自爱，注重仪表"内容讨论的积极踊跃度和辩论表达程度。

第二节　感恩

主题1：铭记聂帅的光辉

活动目标：

1. 内容目标：让学生通过收集资料了解聂荣臻元帅的生平；能够制作体现"荣臻精神"的作品。

2. 成长目标：让学生深入理解聂荣臻元帅的个人功绩以及对于八一学校建校的贡献；让学生发自内心地对红色革命先烈产生缅怀和感恩之情。

第1课：走近聂荣臻

一、活动流程

第一步：分发《"聂帅的心路历程资料搜集"任务单》。将学生分为三组，安排收集聂帅资料的任务，分别寻找有关聂帅军旅心路、聂帅教育心路、聂帅航天心路的资料。

第二步：指导各组学生制作PPT。各小组同学分别按照收集的聂帅资料，制作成PPT。

第三步：安排各小组进行PPT展示。不同小组进行聂帅资料的互换，全面理解聂帅的人生心路。

二、课型建议

本课可以采用"小组讨论课"与"PPT成果展示分享课"，收集聂帅资料，由学生自由结成小组，进行资料的收集、分析与讨论，各小组最后通过PPT的形式来进行小组成果的展示与分享。

三、评价方式

过程性评价：（1）各同学在小组搜集聂帅资料任务中的贡献度及完成情况。（2）各小组对聂帅资料搜集的详略情况。

结果性评价：各小组PPT制作成果的完整度、美观度以及小组展示表达情况。

第 2 课：缅怀红色先烈

一、活动流程

第一步：分发《"缅怀红色先烈"任务单》。分小组，让不同组的同学认领"红色任务"。"红色任务"可以是准备一场红色朗诵、学唱一首红色歌曲、阅读一本红色书籍等。

第二步：安排各组同学展示"红色任务"的完成情况。各小组依照准备的内容展示"红色任务"，并让学生谈一谈通过活动对红色精神的理解。

二、课型建议

在"认领红色任务"的环节，可采用"分组合作课"，各小组商量如何完成"红色任务"，并进行充分准备；在"展示红色任务"的环节，可采用"演绎展示课"，给学生提供平台，供他们展示"红色任务"的完成成果。

三、评价方式

过程性评价：各小组的同学对于"红色任务"完成的贡献度以及领导、参与度。

结果性评价：各小组的同学在演绎与展示"红色任务"过程中的难易度、美观度、好评度。

主题 2：老师，让我为您做件事

活动目标：

1. 内容目标：了解教师的日常工作；学习古今中外尊师人物故事；学会利用软件制作感恩条幅。

2. 成长目标：体悟与理解教师日常工作的艰辛与不易；能够向老师表达自己的感恩之心。

第 3 课：老师，让我了解您

一、活动流程

第一步：安排学生进行"教师工作"小调查。以问题驱动的方式，通过向同学提问与教师职业相关的问题，促使学生去观察与了解教师日常工作的不易。

第二步：分发《"尊师人物故事征集"任务单》。让学生分组找"尊师人物"故事，并将尊师人物故事讲给大家听，评选出感动人心的尊师人物故事。

二、课型建议

在"教师工作小调查"环节，采用"校内实践调查课"，让学生跟随着老师的问题去了解学校教师的工作节奏和工作内容；在"寻找尊师人物"环节，采用"班会故事分享与评选课"，让不同小组的学生讲尊师人物故事并进行尊师人物评选。

三、评价方式

过程性评价：（1）学生在调查教师工作过程中的参与度与表现情况。（2）各小组同学寻找"尊师人物"故事的踊跃度与准确度。

结果性评价：（1）学生在教师工作小调查中获得的成果。（2）各小组学生完成《"尊师人物故事征集"任务单》的情况。

第 4 课：尊师十条

一、活动流程

第一步：让学生发表对"尊师重道"的看法。让学生自由发言，谈谈在学习生活中应该怎样尊敬老师。

第二步：让学生制定"班级尊师十条"。让每位同学填写"尊师规范"，并对认同度高的"尊师规范"进行总结，在各班张贴本班的"尊师十条"。

二、课型建议

本课可采用"班会讨论课"，重点在于让学生通过思考与表达对"尊师重道"的看法，从而提炼总结出"尊师规范"，并进行征选，选出各班的"尊师十条"。

三、评价方式

过程性评价：（1）学生对"尊师重道"看法的理解度和发言情况。（2）学生对"尊师规范"的提议情况以及"班级尊师十条"的纳入情况。

第三节　关爱

主题1：大手牵小手

活动目标：

（1）内容目标：让学生掌握为新生撰写欢迎信的基本格式和写作要点；让学生对自己在八一玉泉的学习生活各方面做出总结与思考。

（2）成长目标：通过为新生撰写欢迎信，提升初三学生的责任感；通过让初三学生分享自己的成长经验，增强他们关爱他人的能力。

第1课：致新生的一封信

一、活动流程

第一步：让学生学习"欢迎信"的写法。为学生讲解撰写一封"欢迎信"大致包括什么内容，一般固定的格式是什么。

第二步：让学生结合三年里在八一玉泉的心得体会，为初一的学弟学妹撰写"欢迎信"。

二、课型建议

本课可采用"书信撰写课"，结合语文课中的书信写作，让学生了解"欢迎信"的写作要求，并通过为初一新生撰写"欢迎信"，进行书信撰写练习。

三、评价方式

结果性评价：（1）学生对"欢迎信"撰写要求的理解情况以及信件的完成情况。（2）初一的学生对看到学长书信的反馈情况。

第2课：我的初中分享

一、活动流程

第一步：让学生确定想要分享的主题，并为该主题准备翔实的内容，例如可供学弟学妹借鉴的方法、自身经历过的典型事件等。

第二步，组织学生召开"初中经验分享交流会"。让初三学子与初一初二学弟学妹就"分享主题"进行经验与生活交流。

二、课型建议

本课可采用"交流沙龙课",从经验分享沙龙的策划、组织到具体执行,都可由学生作为主要的策划、组织、实施人,为初三的学生和初一的学生搭建自由交流互动平台。

三、评价方式

过程性评价:(1)学生对"初中经验分享交流会"的策划、组织情况。(2)学生在"初中经验分享交流会"上的表达与沟通情况。(3)学生对学弟学妹提问问题的回答情况。

主题 2:玉泉微公益

活动目标:

1. 内容目标:理解"善"的含义和"善"的行为;能够完成"一日公益"的活动任务,并对活动过程进行总结。

2. 成长目标:通过体验"每日一善"行动以及"玉泉一日公益"行动,形成随处关爱他人、服务他人的意识。

第 3 课:发现"善"的眼睛

一、活动流程

第一步:让学生谈一谈生活中"善"的表现。通过让学生思考"勿以善小而不为,勿以恶小而为之"的含义,去发现与思考生活中的小善举。

第二步:分发《"每日一善行动"任务单》。组织学生进行"善"的体验,让学生按照"每日一善"行动对照表的内容完成任务单。

二、课型建议

在"我眼中的'善'"环节,可采用"班会讨论课",让学生针对生活中的小善举进行自由讨论和发言;在"每日一善行动"环节,可采用"学生行动与自查课",让学生参照"每日一善"行动对照表的要求在每天完成一件"善事"。

三、评价方式

过程性评价:学生在班会上对"善"的含义的认识情况以及对生活中"善"的表现的发言情况。

结果性评价：学生的《"每日一善行动"任务单》的完成情况，对"每日一善行动"完成的用心与认真程度以及被服务对象的反馈情况。

第4课：人人奉献一点爱

一、活动流程

第一步：分发《"玉泉一日公益"任务单》。将学生分为"一日小保洁组""一日小门卫组""一日小助理组"，让不同小组学生认领"玉泉一日公益"任务。

第二步：安排各小组学生开展"玉泉一日公益"任务，要求各小组学生做好公益行动记录。

二、课型建议

本课可采用"校园志愿服务实践课"，引导学生分小组为学校提供志愿服务，重点让学生体会服务他人、替他人分忧的意义与乐趣，同时加强组内同学的合作与交流能力。

三、评价方式

过程性评价：各同学在"玉泉一日公益"活动中的领导组织情况、执行完成情况、服务态度等。

结果性评价：学校相关工作人员对各组学生"玉泉一日公益"任务完成的反馈与评价情况。

第十二章 "千姿百态展新颜" 课程模块设计

创新是具备探究里的重要基因。创新的内涵是质疑、研究与实践的统一。

质疑，是让人成为敢于追问的人，意味着对任何事实和观点不盲从，在尊重权威的同时，保有自己的思想和态度，对不明晰、不确定的知识和观点发起提问，用批判性思维理解和判断一切事物。

研究，是让人成为勤于思考的人，意味着对心中存疑之事进行深入的探索和分析，通过查找资料、收集资料、筛选资料、分析资料，挖掘事物内在的本质，在不断思考的过程中追寻真理。

实践，是让人成为勇于践行的人，意味着将探究的成果应用到实际生活中去，通过积极地动手操作、科学实验，检验自己所思所想的正确与否，最终找到具有创造性的解决现实问题的方法。

第一节 质疑

主题 1：大声 "问" 出来

活动目标：

1. 内容目标：让学生学会思考古今发生了变化的 "真理"；了解具有质疑和批判精神的名人名言。

2. 成长目标：让学生能够养成善于发现学习及生活中问题的习惯；让学生能够勇于提问、敢于质疑。

第 1 课：穿越古今的真理

一、活动流程

第一步：让学生寻找在现代社会不受用的古代真理。让学生通过分组讨论，发现哪些古代真理已不适用于现代社会运行规律。

第二步：让学生对"变化"的真理发表看法。让学生表达自己对于真理发展与变化的看法，表明应以何种态度看待"真理"。

二、课型建议

本课可采用"班会讨论与表达课"，让学生通过分小组讨论，共同发现问题、研究问题、分析问题，并由学生对问题的答案作出个人表达。

三、评价方式

过程性评价：（1）学生在小组讨论过程中对于发现问题、讨论问题的积极性与对问题见解的认识程度。（2）学生对于问题质疑的态度以及个人观点的表达程度。

主题 2：圆桌头脑风暴

活动目标：

1. 内容目标：让学生了解"少代会"的性质和意义；了解"校园提案"的方式与流程，学会如何撰写校园提案。

2. 成长目标：让学生通过参与"校园提案"，养成善于提问的习惯；让学生学会清晰准确地表达个人想法。

第 2 课：校园"放大镜"

一、活动流程

第一步：让学生了解"少代会"。为学生设置问题，启发学生去了解"少代会"的性质、职能、会议形式等。

第二步：分发《"我的校园提案"任务单》。让学生分小组为学校的校园环境、课程安排、午餐品种等学习与生活方面提出合理建议。

二、课型建议

在了解"'少代会'的作用"环节，可采用"问题提问与表达课"，通过设置问题，让学生去思考和查阅资料，并对问题进行作答；在"我的校园提案"环节，可采用"小组实践讨论课"，让学生结组走进校园，发现校园生活中的问题并提出合理性提案。

三、评价方式

过程性评价：（1）学生对于"少代会"相关情况的了解及作答情况。（2）学生发现

"校园提案"过程中参与的积极性与贡献度。

结果性评价：学生对《"我的校园提案"任务单》的完成情况以及提案对学校发展的贡献程度。

第二节 研究

主题1：由火到灯的演变

活动目标：

1. 内容目标：让学生了解照明工具的发光原理和使用方法；学会观察研究生活中的灯光，了解"光污染"；学会制作创意灯具。

2. 成长目标：让学生理解爱迪生对于人类照明史的贡献，感悟爱迪生的研究精神；养成善于观察身边事物、善于研究的习惯。

第1课：灯火的奥秘

一、活动流程

第一步：分发《"照明工具资料收集"任务单》。让学生分组收集各个时代的照明工具并研究其发光原理和使用的方法，制作成PPT进行展示。

第二步：让学生学写灯具使用说明书。让学生分组选择中西照明工具进行手绘，并参考灯具使用说明书的格式和内容，为手绘灯具撰写一份使用说明书。

二、课型建议

在"照明工具资料搜集"环节，可采用"小组合作研究课"，让学生分组研究各时代照明工具的原理以及灯具进化过程；在"制作'说明书'"环节，可采用"应用文写作课"，语文教师为学生介绍应用文的写作技巧以及产品说明书的写作要点，指导学生撰写灯具说明书。

三、评价方式

过程性评价：（1）学生在"照明工具"合作研究过程中的表现情况以及对研究成果的贡献度。（2）学生在"照明工具资料收集"研究成果PPT展示环节的贡献度。

结果性评价：（1）学生对《"照明工具资料收集"任务单》的完成情况。（2）学生撰写灯具说明书的成果。

主题 2：揭开水的神秘面纱

活动目标：

1. 内容目标：让学生了解"飞花令"的历史渊源；让学生通过关于"水"的科学小实验了解"水"的奥秘。

2. 成长目标：让学生理解八一玉泉与"水"的渊源；让学生通过探究污水来源，养成发现生活问题、研究生活问题的习惯。

第 2 课：飞花令之"水"

一、活动流程

第一步：了解"飞花令"。让学生通过查阅资料，了解"飞花令"的历史渊源和游戏规则。

第二步：寻找"水"的诗句。让学生结合"飞花令"的游戏规则，寻找有关"水"的诗句并按照"水"字位置进行分类。

第三步："水"的飞花令比赛。组织学生参加"水"的飞花令比赛，选出飞花令冠军。

二、课型建议

本课可采用"诗句研究与游戏课"，让学生通过了解"飞花令"的游戏规则，对"水"的诗句进行搜罗，并通过游戏的比赛方式，评选出班级冠军。

三、评价方式

过程性评价：（1）学生在寻找"水"的诗句过程中的积极性与准确性。（2）学生在"水"的飞花令比赛中的参与度与积极性。

第三节　实践

主题：创意珐琅厂

活动目标：

1. 内容目标：让学生了解景泰蓝（珐琅）的知识及制作工艺；学会制作粘丝；学会

赏析艺术作品。

2. 成长目标：让学生去观察与体验艺术品的制作流程，亲手参与制作，形成对艺术品热爱创意、热爱实践、热爱制作的兴趣。

初识景泰蓝

一、活动流程

第一步：了解景泰蓝的知识。让学生通过观看影片和查找资料，对景泰蓝形成较为深刻的认识。

第二步：认知判断与检测。让学生通过阅读珐琅的描述判断正误。

第三步：填写艺术瑰宝英文名称。让学生为所列艺术瑰宝列出英文名称。

二、课型建议

本课可采用"知识自学课"，属于对个人学识的丰富和拓展，让学生带着问题去自学，通过查阅资料、分析资料、与人交流等多种学习实践尝试获得问题的答案。

三、评价方式

过程性评价：学生在查阅资料、分析资料、获取问题答案过程中的思考情况与积极主动性。

结果性评价：学生对于景泰蓝知识的掌握情况以及艺术瑰宝英文名称的填写情况。

第十三章 "滴水石穿意志坚" 课程模块设计

坚毅是具备进取心的重要基因。坚毅的内涵是坚定、坚强、坚韧的统一。

坚定，是让人成为信念笃定的人，意味着对制定的目标拥有坚定不移的信念，不因环境或外物的干扰而改变内心的初衷，对所追求的目标信念笃定、毫不动摇。

坚强，是让人成为勇敢顽强的人，意味着在执行目标过程中拥有坚不可摧的意志，在遇到挫折和压力时不屈不挠，面对困难勇敢顽强、迎难而上。

坚韧，是让人成为持之以恒的人，意味着在追求目标的过程中拥有水滴石穿的韧劲儿，在考验耐力之时不轻言放弃，做事情要持之以恒、有始有终。

一个信念笃定的人需要修炼五项指标：对完成制定的目标拥有强大的信心；在任何环境和条件下都不改初心、坚定不移；按照制订的计划一步步做好眼前事；不随波逐流，不轻易被别人意见所左右；适应人生的千变万化，明白自己真正想要什么。

一个勇敢顽强的人需要修炼五项指标：能够正确看待人生的顺境与逆境；在遇到困难时克服恐惧、勇往直前；在困境中冷静思考、分析对策；能够扛得住打击，顶得住压力，经得住折腾；微笑对待艰难困苦，乐观迎接崭新局面。

一个持之以恒的人需要修炼五项指标：拥有势必完成目标的决心和底气；对自己定下的目标全心投入，不懈努力；在任何时候不找借口，直面问题；对坚定的目标有不轻言放弃的忍受力；善始善终，能够长时间地坚持做好一件事情。

本课程模块总目标：

让初一的同学们培养坚毅的意志力，接受军训的考验，坚定信念，百炼成钢，练就健康的体魄。

让初二的同学们培养坚毅的承受力，接受困难的考验，不怕挫折与挑战，释放自身坚强的正能量。

让初三的同学们培养坚毅的行动力，接受时间的考验，通过持之以恒的努力养成好习惯，完成既定计划。

第一节 坚定

主题 1：国旗护卫队的使命

活动目标：

1. 内容目标：让学生了解国旗护卫队的光荣发展历程以及日常训练过程；了解升国旗仪式的礼仪和流程。

2. 成长目标：让学生感受国旗护卫队士兵爱国的坚定信念和坚毅精神；通过校园升旗手的体验训练，锻炼坚毅的意志力。

第 1 课：国旗护卫队

一、活动流程

第一步：谈谈对国旗护卫队的认识。让学生了解国旗护卫队的日常训练过程，谈谈内心感想。

第二步：观看《国旗护卫队》纪录片。让学生通过观看纪录片，梳理国旗护卫队发展过程中的大事件，了解发展历程，学习护卫队队员精神。

二、课型建议

本课可采用"视频教学和讨论表达课"，让学生提前学习国旗护卫队的相关知识，并且通过观看《国旗护卫队》纪录片，进一步了解国旗护卫队的发展和日常操练，让学生讨论和学习国旗护卫队队员身上的精神。

三、评价方式

过程性评价：学生在观看《国旗护卫队》纪录片时的表现以及对国旗护卫队士兵坚毅精神的理解情况。

结果性评价：学生对"国旗护卫队大事件"的梳理完成情况。

第 2 课：礼敬国旗

一、活动流程

第一步：了解国旗知识。让学生学习《中华人民共和国国旗法》相关知识，了解升国旗的庄严性。

第二步：发放《"国旗护卫队剪影"任务单》。让学生收集国旗护卫队升旗训练、重大节日出旗、重要场合护旗的经典照片。

第三步：为国旗献歌。让学生学唱《红旗飘飘》歌曲，重点在对歌词的理解，增强爱国情感。

二、课型建议

在"了解国旗"环节，可采用"阅读问答课"，让学生了解《中华人民共和国国旗法》对于升国旗的相关规定；在"飒爽英姿"环节，可采用"照片搜集与鉴赏表达课"，让学生寻找并介绍国旗护卫队的经典照片；在"我为国旗献首歌"环节，可采用"歌词鉴赏与合唱课"，让学生鉴赏《红旗飘飘》的歌词，并集体合唱。

三、评价方式

过程性评价：（1）学生对国旗知识的了解情况。（2）学生对《红旗飘飘》歌词的理解情况及学唱情况。

结果性评价：学生对《"国旗护卫队剪影"任务单》的完成情况以及讲解情况。

第 3 课：校园升旗手

一、活动流程

第一步：校园国旗手训练。让学生通过国旗护卫队章程了解国旗护卫队的职责和使命，分小组开展升国旗的训练。

第二步：升国旗汇报表演。不同小组的国旗护卫队进行升国旗汇报表演，供其他师生参观。

第三步：记录心得体会。每位学生用纸笔和相机记录下校园升国旗训练和汇报表演中记忆深刻的片段。

二、课型建议

本课可采用"升旗训练及展示课"以及"内心体会分享课"，由校外专业的国旗护卫队队员或体育老师在操场对不同小组的国旗护卫队进行集中训练，并安排学生进行汇报表演，由评分组师生进行评分，选出"校园最美升旗手"，随后举行班会，让学生谈一谈心得体会。

三、评价方式

过程性评价：学生在校园国旗手训练中的表现情况。

结果性评价：（1）各小组学生升国旗汇报表演的评分情况。（2）学生对此次活动体会和感想的分享表达情况。

主题 2：水滴石穿的信念

活动目标：

1. 内容目标：让学生了解"水滴石穿"的原理和背后反映出的精神；让学生至少阅读一本有关坚定理想信念的书籍。

2. 成长目标：让学生从"坚定信念，不忘初心"身边榜样的身上体悟并学会如何坚定内心的理想；能够明晰心中的理想信念并形成坚持到底的信念。

第 4 课：坚定如"水"

一、活动流程

第一步：理解"水滴石穿"的含义。让学生查阅"水滴石穿"的词义以及总结其近义词表达。

第二步：研究"水滴石穿"的原理。让学生通过搜集资料与讨论，解释"水滴石穿"的原理以及寻找类似原理的案例，并拍摄其反映该现象的照片。

二、课型建议

本课可采用"词义分析课"以及"自然原理研究课"，让学生从表层到里层透彻地理解"水滴石穿"的内涵和背后反映出的坚定精神。

三、评价方式

过程性评价：（1）学生对"水滴石穿"词义的理解情况。（2）学生对"水滴石穿"自然原理的理解情况。

结果性评价：学生对寻找并拍摄"水滴石穿"自然现象的完成情况。

第 5 课：寻找"初心"

一、活动流程

第一步：寻找"坚定信念"的名人名言，让学生谈谈个人感悟。

第二步：寻找身边"坚定信念，不忘初心"的榜样人物。让学生撰写榜样人物事迹并跟其他同学分享。

第三步：讲述自己的理想"初心"。让学生回忆并分享自己小时候的理想"初心"。

二、课型建议

本课可采用"资料搜集与表达课"与"人物事迹撰写课"，让学生通过收集与"坚定信念"相关的名人名言及榜样人物故事，与其他同学分享，并由语文老师指导学生如何撰写与刻画一个生动形象的榜样人物。

三、评价方式

过程性评价：（1）学生寻找"坚定信念"名人名言的情况及个人理解的深度。（2）学生讲述自己理想"初心"的情况。

结果性评价：学生寻找"坚定信念，不忘初心"榜样人物的典型性以及对榜样人物撰写的写作评价情况。

第6课：理想不迷茫

一、活动流程

第一步：说出我的"迷茫"。让学生想一想自己成长路上的迷茫之处，并说一说化解自己内心迷茫与烦恼的方式。

第二步：阅读与坚定理想相关的书籍。让学生互相推荐一本有关坚定理想信念的书籍，并对受启发的文段进行摘抄分享，撰写书评，如刘同的《谁的青春不迷茫》。

第三步：表达对理想的态度。让学生谈一谈应该如何坚定自己的理想信念，议一议理想是否应始终如一。

二、课型建议

本课可采用"读书交流课"与"观点辩论及表达课"，教师指导学生如何深层次品读一本书和为一本书写书评，学生阅读并分享有关坚定理想信念书籍中的文段，互相学习、互相取暖，并以辩论课的形式让学生谈一谈对理想是否应该始终坚守的看法。

三、评价方式

过程性评价：（1）学生在"读书交流课"中的发言及表现情况。（2）学生在理想是否应该坚守的辩论表达情况。

结果性评价：学生对坚定理想信念书籍的阅读、摘抄及书评完成情况。

第二节　坚强

主题：我眼中的吉尼斯精神

活动目标：

1. 内容目标：让学生了解"吉尼斯世界纪录"的相关常识；知道两三个吉尼斯世界纪录挑战者。

2. 成长目标：让学生能够从吉尼斯世界纪录挑战者的身上领悟到他们坚强的精神；让学生通过参与"班级吉尼斯挑战"，能够通过不懈努力达成挑战目标。

第 1 课："吉尼斯"知多少

一、活动流程

第一步：了解"吉尼斯世界纪录"。让学生通过查阅资料了解"吉尼斯世界纪录"的相关知识。

第二步：思考"吉尼斯世界纪录"存在的意义。让学生思考和表达设置和存续"吉尼斯世界纪录赛事"的意义是什么。

二、课型建议

本课可采用"知识搜集与竞答课"，让学生通过查阅"吉尼斯世界纪录"相关的知识，分小组组织学生进行知识竞答，并表达"吉尼斯世界纪录赛事"存在的意义。

三、评价方式

过程性评价：学生对"吉尼斯世界纪录"知识的了解情况以及各小组学生在知识竞答环节中的表现情况。

第 2 课：寻找坚强榜样

一、活动流程

第一步：分发《"寻找吉尼斯纪录挑战者"任务单》。让学生分不同的小组寻找《挑战不可能》《吉尼斯中国之夜》节目中意志坚强的挑战者以及发现有关吉尼斯世界纪录的新闻报道、人物故事。

第二步：分享各小组成果。不同小组对寻找的吉尼斯纪录挑战者做成 PPT 进行分享展示，共同探讨这些挑战者身上具备的共同精神。

二、课型建议

本课可采用"人物资料搜集与展示课"，通过小组合作学习，不同小组负责寻找不同类型的吉尼斯纪录挑战者事例，并通过 PPT 进行人物故事展示。

三、评价方式

过程性评价：学生在寻找"吉尼斯纪录挑战者"资料上的贡献度及表现情况。

结果性评价：学生对《"寻找吉尼斯纪录挑战者"任务单》的完成情况以及 PPT 制作及分享表达情况。

第三节　坚韧

主题 1：变形记

活动目标：

1. 内容目标：让学生了解"坏习惯"对人生发展的危害；领悟"改正坏习惯"所需要具备的精神。

2. 成长目标：让学生能够诊断和直面自身的"坏习惯"；让学生通过"21 天计划"改正坏习惯。

第 1 课：诊断"坏习惯"

一、活动流程

第一步：寻找自身的坏习惯。让学生发现并总结自己在平时生活中存在的坏习惯。

第二步：对坏习惯查缺补漏。让学生对照"坏习惯"有关的成语，对自身的行为进行对照和查缺补漏。

第三步：制作"坏习惯"诊断书。让学生综合对自身的"坏习惯"进行诊断并表述。

二、课型建议

本课可采用"自我剖析与习惯诊断课"，让学生通过剖析日常生活中自己的生活习惯、学习习惯各方面，发现并诊断出自身习惯存在的问题。

三、评价方式

过程性评价：（1）学生对"坏习惯"危害的认知程度。（2）学生对自身坏习惯的认识和总结程度。

结果性评价：学生对"坏习惯"诊断书的完成情况。

第 2 课：制订 "21 天计划"

一、活动流程

第一步：寻找"改正坏习惯"的人物故事。让学生寻找至少 5 篇"改正坏习惯"的古今中外名人故事，并思考这些人物具备怎样的精神才得以改正坏习惯。

第二步：分发《"改正坏习惯 21 天计划"任务单》。让学生依据"21 天法则"，针对改正坏习惯制订详细的行动计划，列明每周的改正目标。

二、课型建议

本课可采用"人物故事搜集与表达课"以及"行动计划制订课"，学生对"改正坏习惯"的任务故事进行收集并思考与分享人物精神，由教师指导学生如何制订一份切实可行的行动计划，以帮助学生改正自身坏习惯，并引发学生思考，"21 天法则"为何能起到一定效用，背后需要自己怎样的意志品质。

三、评价方式

过程性评价：（1）学生对"改正坏习惯"古今中外人物故事的收集情况以及人物精神分析与表达情况。（2）学生对"21 天计划"背后意义的认识情况。

结果性评价：学生对《"改正坏习惯 21 天计划"任务单》的完成情况。

第 3 课：我的变形记

一、活动流程

第一步：执行"改正坏习惯 21 天计划"。让学生依照制订的"改正坏习惯 21 天计划"中每周具体改正目标进行执行记录，在周初和周末位置填入对应的"表情符号"。

第二步：总结"21 天计划"完成情况。让学生针对自己在"改正坏习惯 21 天计划"中的执行完成情况进行总结，分享内心感受。

二、课型建议

本课可采用"计划执行与反思总结课"，让学生通过记录自己对"改正坏习惯 21 天计划"的完成情况，总结自己对计划完成的行动力，反思自己对计划执行过程中的不足，认识改正自身坏习惯所需要的坚毅精神。

三、评价方式

过程性评价：（1）学生对"改正坏习惯 21 天计划"的执行记录情况。（2）学生对"改正坏习惯 21 天计划"的个人总结及深入认识情况。

主题 2：让梦想水到渠成

活动目标：

1. 内容目标：让学生体悟"追寻梦想"名言和诗歌的含义，学会制作"梦想书签"；学会想清楚并制作"梦想清单"。

2. 成长目标：让学生学会思考和分析实现梦想需要具备的条件和品质；领悟实现梦想所需要的坚持不懈的精神。

第 4 课：书签寄我心

一、活动流程

第一步：搜集"追寻梦想"的名言和诗歌。让学生摘录自己喜欢的有关追寻梦想的名人名言、诗歌等，并和师生谈谈自己的个人感悟。

第二步：指导学生制作"梦想书签"。让学生发挥想象力，将自己喜欢的有关追寻梦想的名言和诗歌制作成书签。

二、课型建议

在"寻找'追寻梦想'的名言和诗歌"环节，可采用"资料搜集与表达课"，让学生分享个人喜爱的有关追寻梦想的名言和诗歌；在"制作梦想书签"环节，可采用"手工制作课"，由劳技、美术学科的教师，指导学生书签的制作方法，将梦想记在心间。

三、评价方式

过程性评价：学生对"追寻梦想"名言和诗歌的收集及分享表达情况。

结果性评价：学生制作"梦想书签"的成果完成情况，"书签"的内涵度、美观度、精致度、好评度等。

<h1 style="text-align:center">第 5 课：奋斗的三张卡片</h1>

一、活动流程

第一步：阅读"追寻梦想"的书籍。让学生阅读至少一本有关"追寻梦想"的书籍，摘录喜欢的文段，并与师生们分享交流。

第二步：开展"梦想的三张卡片"游戏。让学生分别在三张卡片上依次写下自己的奋斗目标、实现梦想的有利条件以及障碍，引导学生思考如何才能克服障碍实现梦想。

二、课型建议

在"'追梦'书籍读书感言"环节，可采用"读书分享交流课"，学生通过阅读分析有关"追寻梦想"的书籍内容，互相鼓舞内心对实现梦想的坚持；在"实现梦想的三张卡片"环节，可采用"心理自助课"，让学生自己分析个人梦想和实现梦想的有利及阻碍条件，揣摩在实现梦想道路上的艰辛与需要的坚韧精神。

三、评价方式

过程性评价：（1）学生阅读与分享表达"追梦"书籍的情况。（2）学生对"实现梦想的三张卡片"的完成情况以及对实现梦想条件和阻碍的认识情况。

<h1 style="text-align:center">第 6 课：我的梦想清单</h1>

一、活动流程

第一步：分享追梦故事。让学生寻找、总结并分享一个有关追梦人物的励志故事。

第二步：分发《"我的梦想清单"任务单》。让学生在卡纸上列明自己的梦想以及实现梦想的条件，并通过与其他学生随机互换，为自己的梦想收集他们的鼓励和建议以及给予他人梦想嘱咐和建议。

二、课型建议

本课可采用"故事搜集与分享表达课"以及"学生梦想建言课"，让学生寻找并与其他师生分享追梦故事，并且通过制定"我的梦想清单"，投入"班级梦想号小船"，为学生提供互表梦想和互相建言的平台。

三、评价方式

过程性评价：学生对追梦人物励志故事的寻找和分享表达情况，故事的典型性、启发性、共鸣性、励志性等。

结果性评价：（1）学生对"我的梦想清单"的完成情况。（2）学生给他人"梦想清单"的建言情况。

第十四章　"泾渭分明会思辨" 课程模块设计

明辨是具备明理心的重要基因。明辨的内涵是观察、判断、分析的统一。

观察，是让人成为洞察仔细的人，意味着在做出抉择前，要细致观察，明察秋毫，了解趋势变化，了解事情真相，做到心中有数，为做出正确的抉择提供依据。

判断，是让人成为决策正确的人，意味着要根据对现象本质做出的分析，进行客观判断，针对现实问题做出是非辨别，在心中做出对与错的衡量，做出正确的决策。

分析，是让人成为诊断理性的人，意味着面对观察到的现象，要冷静分析，理性思考，不掺杂个人主观意识，透过表面现象洞悉内在本质。

一个洞察仔细的人需要修炼五项指标：尊重事实，实事求是，基于原本事实进行观察；在任何环境和条件下都要保持细心，留心细节，见微知著；要有目的、有计划，明确观察的目标和方向；对纷繁复杂的事实，要擦亮眼睛，不要被表象迷惑；观察过程中要保持耐心，持之以恒，经受住时间的考验。

一个决策正确的人需要修炼五项指标：以观察事实和理性分析为基础，保障决策有据可查；明确目标，提出方案，确保判断思路正确；基于初步分析，对决策事项作出预判断；从多个维度进行预期论证，对决策结果进行反复推敲；根据外界条件的变化，对决策结果的合理性随时作出调整。

一个诊断理性的人需要修炼五项指标：能够基于观察的事实之上，进行有理有据的分析；遇到意想不到的问题，要保持冷静，做到不慌不乱；遵循正确合理的逻辑，思考过程要条理有序；运用科学的分析法，得出客观的分析报告；善于接纳别人的意见，综合考虑，明辨是非。

本课程模块总目标：

让初一的同学们学会明辨现象，观察校园日常，感受诗词意蕴，于乱象中发现静谧之美。

让初二的同学们学会明辨是非，掂量青春岔口的选择和诱惑，理性判断，走向正确的道路。

让初三的同学们学会明辨文化，分析多元文化的异同，挖掘灿烂文化的奥秘，让自己变得更加博学。

第一节　观察

主题：校园怪现象之我见

活动目标：

1. 内容目标：让学生掌握校园记者事件采访和调查的基本方法；学会如何分辨学校存在的各类现象。

2. 成长目标：让学生养成善于观察生活、善于思考的习惯；让学生能够明辨是非对错，抵制和远离学习生活中的不文明行为。

第 1 课：校园小记者

一、活动流程

第一步：发现校园"怪现象"。让学生举例说明校园中存在的一些"怪现象"，以及这些"怪现象"带来的影响。

第二步：分配调查任务。让学生分组认领任务，一部分学生负责调查采访学校的"怪现象"；另一部分学生负责收集媒体上有关校园"怪现象"的报道，两组学生分别统计事实和数据，汇报调查结果并寻找异同点。

第三步：思考"怪现象"。对校园存在的"怪现象"进行思考与判断，说明这些"怪现象"应如何规范。

二、课型建议

本课可采用"调查采访课"与"现象分析与表达课"，以调查任务为驱动，让学生去挖掘与采访有关校园"怪现象"的现象，并引导学生对这些现象进行思考与判断，并清晰地表达自己的观点。

三、评价方式

过程性评价：（1）学生在寻找与发现校园"怪现象"过程中的表现情况。（2）各小组学生在调查采访任务中的表现情况。（3）学生对校园"怪现象"的思考与判断情况。

结果性评价：各小组学生对校园"怪现象"调查采访结果的统计与 PPT 制作与汇报情况。

第 2 课: "怪象" 辩论会

一、活动流程

第一步: 分析 "怪象" 原因。让学生思考中学普遍存在的 "怪象", 并分析原因。

第二步: 举行 "怪象" 辩论会。根据学生提供的对校园 "怪现象" 调查采访的结果, 列出一些辩题供学生抽签选择, 不同辩论队根据自己战队所持的立场与观点进行辩论。

第三步: 辩论会反思。让学生反思在辩论会上的发言, 思考能为校园良好风气建设付诸哪些努力。

二、课型建议

本课可采用 "现象辩论课" 与 "思考反思课", 以校园 "怪现象" 为辩题, 让学生进行辩论前的思考以及辩论后的反思, 老师作为辩论会的组织者和引导者, 各辩论队辩论完毕后由教师做出点评, 引导学生形成正确的是非观。

三、评价方式

过程性评价:(1)学生对校园 "怪现象" 发生原因的思考与判断情况。(2)学生在 "怪象" 辩论会中的辩论发言及表现情况。

第 3 课: 思维发散

一、活动流程

第一步: 分发《 "新闻事件观察" 任务单》。让学生寻找对同一事件持不同立场的报道, 列明新闻标题, 对报道观点进行概述。

第二步: 深入合作调查。让学生结成小组对寻找的新闻事件进行详细的调查, 分析不同立场产生的原因以及媒体报道走向与舆论之间互相的影响。

二、课型建议

本课可采用 "新闻事件观察与调查课", 让学生寻找不同立场的新闻事件报道并对该现象的出现进行深入分析, 让学生具备立体的思维能力以及全面看待问题的能力。

三、评价方式

过程性评价: 学生对同一新闻事件出现不同报道这一现象的理解程度。

结果性评价: 学生对《 "新闻事件观察" 任务单》的完成情况。

第二节   判断

主题 1：青春岔路口

活动目标：

1. 内容目标：让学生了解和学习名人名言对"青春"的解读；让学生掌握微视频的制作方法。

2. 成长目标：让学生通过青春期自己以及他人对自己的评价学会正视青春困惑；让学生通过阅读书籍知晓如何在青春期作出正确抉择。

第 1 课：致青春

一、活动流程

第一步：收集"青春"名人名言。让学生收集与"青春"相关的名人名言，并概括其中对于"青春"认识的共性问题。

第二步："青春"名言思考。让学生对与"青春"相关的名人名言进行思考，写出自己的感悟。

第三步："青春"诗歌创作。让学生以"致青春"为主题，创作一首小诗歌，并写下自己的青春感言。

二、课型建议

本课可采用"共话青春课"，通过收集与思考"青春"相关的名人名言，创作"青春"诗歌，让学生共同讨论"青春"这个阳光而明媚的话题，学会如何度过青春期的迷茫，化解青春期的困惑。

三、评价方式

过程性评价：（1）学生对"青春"名人名言的收集情况。（2）学生对"青春"名人名言的思考与感悟情况。

结果性评价：学生创作的"致青春"诗歌作品。

第2课：青春修炼手册

一、活动流程

第一步：青春期的采访。让学生采访爸爸妈妈和身边的朋友在青春期发生了哪些变化，并且对自己做出评价。

第二步：看待"青春期"标签。让学生对照青春期"叛逆""偏激""固执"等标签，回想自己与身边朋友相关的一些日常表现。

第三步：正确看待同学交往。让学生针对同性和异性的健康交往问题，发表自己的看法。

第四步：写"青春"观后感。让学生通过观看青春电影、阅读青春书籍、学唱青春歌曲，写下自己的观后感。

二、课型建议

本课可采用"青春期教育课"，围绕青春期学生容易出现的一些问题和普遍表现，让学生对自身行为进行反思，通过自评与他人评价正确看待自己在青春期出现的问题。

三、评价方式

过程性评价：（1）学生对"青春期"标签自身表现的看待情况。（2）学生对同学交往问题的看待情况。

结果性评价：（1）学生针对自己青春期的自评与采访他评结果。（2）学生"青春"观后感的撰写作品。

第3课：青春我做主

一、活动流程

第一步：设计"青春最美丽"主题故事。让学生分组围绕"青春最美丽"主题设计故事梗概，确定故事人物、角色设定、故事情节等。

第二步：制作微视频。各小组学生按照微视频制作的步骤，合作完成"青春最美丽"微视频的制作。

第三步：微视频展示。各小组学生展示本组的微视频制作作品。

二、课型建议

本课可采用"微视频剧本创作课"与"微视频制作课"，由语文教师指导学生编写以

"青春"为主题的剧本，通过案例教学法为学生讲解微视频剧本撰写的方法，由信息教师和美术教师为学生指导微视频的制作，包括服装道具的选用、视频拍摄和剪辑的技术等。

三、评价方式

过程性评价：（1）学生在设计"青春最美丽"主题故事剧本创作过程中的创意度及贡献度。（2）学生对微视频制作方法的掌握情况。

结果性评价：（1）各小组学生"青春最美丽"主题故事创编的新颖度。（2）各小组学生微视频作品制作的完成情况。

主题 2：远离"网络"陷阱

活动目标：

1. 内容目标：让学生了解网络犯罪的现状及其危害性；让学生学习有关预防网络犯罪和预防青少年犯罪的相关法律。

2. 成长目标：让学生能够判别如何远离网络犯罪；学会做一个高素质的网络公民。

第 4 课：了解网络犯罪

一、活动流程

第一步：认识网络犯罪。让学生通过查阅资料，认识什么是网络犯罪，典型的网络犯罪行为有哪些。

第二步：观看网络犯罪视频。让学生观看 CCTV12《见证》节目纪录片《键盘上的幽灵》，让学生结合纪录片中典型网络犯罪现象全面认识并且能够辨别网络犯罪。

二、课型建议

本课可采用"视频教学法"，通过让学生观看网络犯罪的纪录片，引导学生思考网络犯罪发生的危害性以及如何辨别和预防此种危害的发生。

三、评价方式

过程性评价：（1）学生对网络犯罪现象及危害性分辨及认知情况。（2）学生对《键盘上的幽灵》纪录片的认识和反思情况。

第 5 课：网络健康调查

一、活动流程

第一步：分组设计网络健康调查问卷。由教师指导各组学生针对网络健康问题设计调查问卷,指明调查问卷设计的思路以及统一格式等。

第二步:开展问卷调查。各小组学生按照"1→2→3→4→1"的顺序,匿名调查其他小组成员的上网情况。

第三步:统计分析调查结果。各小组学生对问卷调查结果进行统计分析,得出问卷调查结论。

二、课型建议

本课可采用"调查问卷设计及分析课",教师带领各小组学生设计一份针对网络健康的调查问卷,可研究和参考调查问卷普遍的设计格式及设计思路,问卷题目由各小组学生设计,教师进行把关,并在问卷调查结束后,教师为学生进行问卷分析的指导。

三、评价方式

过程性评价:(1)各小组学生对网络健康调查问卷设计的参与及思考情况。(2)各小组学生对问卷调查结果的分析和总结情况。

结果性评价:各小组学生设计的网络健康调查问卷的完整性、合理性、有益性等。

第6课:法在心中

一、活动流程

第一步:列出法制宣传标语。让学生通过查找和参考有关制裁网络犯罪和预防青少年犯罪的法律法规,列出几条法制宣传的标语。

第二步:制作法制教育海报。让学生分组制作一张以法制教育为主题的海报,并写下各小组的"守法誓言"。

第三步:开展"法在身边"演讲比赛。让学生结合法律法规以及个人对网络犯罪的认知,撰写一篇"法在身边"的演讲稿,并利用班会时间进行演讲比赛。

二、课型建议

本课可采用"法制宣传教育课"以及"演讲比赛课",让学生通过撰写法制宣传标语以及制宣传演讲稿的方式,将预防网络犯罪和青少年犯罪的法律法规深入心中,让学生知法、懂法、守法。

三、评价方式

过程性评价:(1)各小组学生在制作法制教育海报和"守法誓言"中的表现情况。

（2）学生在"法在身边"演讲比赛中的表现情况。

结果性评价：（1）学生撰写的法制宣传标语的工整性、教育性、警示性等。（2）各小组学生制作的法制教育海报成果。（3）学生"法在身边"演讲稿的撰写程度。

第三节　分析

主题：当东方遇到西方

活动目标：

1. 内容目标：让学生了解中国在各历史时期对西方文化的态度；让学生领悟中西方文化存在差异的原因。

2. 成长目标：让学生能够在中西文化差异中形成正确的文化价值观；让学生善于分析，善于通过研究得出客观公正的结论。

第 1 课：西方文化的影响

一、活动流程

第一步：分发《"西方文化态度研究"任务单》。让学生分组寻找中国不同历史时期对于西方文化的态度，各派持什么主张，带来何种影响等。

第二步：思考不同国家对待他国文化态度的异同。让学生了解不同国家对待他国文化态度的表现以及出现该种表现背后的原因，思考如何正确对待西方文化。

二、课型建议

本课可采用"文化对比与辩论课"，学生通过发现不同国家对待文化的不同态度，开展辩论课，由教师对不同的辩论观点做出点评，引导学生形成正确的文化价值观。

三、评价方式

过程性评价：学生对不同国家对待他国文化态度异同原因的认识程度和观点表述的清晰程度。

结果性评价：不同小组学生完成《"西方文化态度研究"任务单》的情况以及各位学生对任务单完成的贡献情况。

第 2 课：东西 "碰撞"

一、活动流程

第一步：观看电影视频。组织学生观看《刮痧》电影视频，并让学生针对记忆深刻的故事情节撰写观后感。

第二步：生活中中西价值观的差异。让学生思考并表达生活中遇到过哪些存在差异的中西方主流价值观，并分析外来文化带给人们生活怎样的影响。

二、课型建议

本课可采用"电影教学课"以及"生活现象分析课"，让学生来观察和思考，从荧屏到现实生活中存在中西价值观差异的现象，引导学生正确看待这种价值差异的存在并形成个人正确的价值观。

三、评价方式

过程性评价：（1）学生在观看《刮痧》电影中的表现情况。（2）学生对存在中西方价值观差异生活现象的观察与表达情况。

结果性评价：学生对《刮痧》电影观后感的撰写情况。

第十五章 "千里融汇诚心连" 课程模块设计

诚信是具备合作力的重要基因，其内涵是真诚、务实与守信的统一。

真诚是一种态度，要求我们对他人坦诚相待，真心实意地与他人交往，以真心换取真心。

务实是一种行为，要求我们在规律性认识的指导下，脚踏实地地去做、去实践。

守信是一种原则，要求我们言必行，行必果，强调人与人之间要彼此尊重，兑现诺言，拥有契约精神。

一个真诚的人需要修炼五项指标：待人诚恳，从心底信任他人，以心换心；善待他人，情感真挚，真心地帮助他人；拥有恭敬之心，待人接物谦敬有礼；心怀坦荡，开诚布公，率真自然；不欺骗、不隐瞒、不虚伪，凡事做到问心无愧。

一个务实的人需要修炼五项指标：为人正派、公正坦率；为学、做事认真严谨，一丝不苟；扎实肯干，脚踏实地，不空谈，不虚夸；依照规律和规则办事；表里如一，言行一致，说实在话，做实在人。

一个守信的人需要修炼五项指标：拥有契约精神，将承诺铭记于心；承担责任和义务，兑现自己的承诺；说了就要做，做就要做好；坚守信念，不轻言放弃；遵守信约，讲究信誉，不说谎欺诈，不弄虚作假。

本课程模块总目标：

让初一的同学们学会诚信交往，经营真挚的友谊，做到自知自省，以诚心换得真心。

让初二的同学们学会诚信做事，务实肯干，学习雷锋，服务社区，以汗水换得成就感。

让初三的同学们学会诚信守约，体验诚信交易，感受诚信借书，以守诚换得信任。

第一节 真诚

主题 1：友谊漂流瓶

活动目标：

1. 内容目标：让学生认识友谊对成长的重要性；让学生学会交朋友的方法。

2. 成长目标：让学生能够学会在阅读中建立友谊；让学生懂得真诚之心在建立和维护友谊中的意义。

第 1 课：交友漂流会

一、活动流程

第一步：制作友谊漂流瓶。让学生收集一个环保空瓶，并在瓶中写上包含个人心愿、祝福、联系方式等个人信息的小纸条。

第二步：策划交友漂流会。让学生特别是年级学生干部思考，如何策划一场交友漂流会，让友谊的漂流瓶漂起来。

二、课型建议

本课可采用"手工制作课"以及"活动策划课"，让学生发挥创意，制作个性的友谊漂流瓶，并引导学生思考如何策划这场活动，为学生讲解一些有关活动策划的基本方法和流程等。

三、评价方式

过程性评价：学生对交友漂流会活动策划想法的趣味性、实操性、有益性等。

结果性评价：学生制作友谊漂流瓶作品的创意性、环保性、受欢迎度等。

第 2 课：旧书漂流会

一、活动流程

第一步：共建班级图书漂流角。让每位学生选择一本自己曾经喜爱读的书放在班级图书漂流角。

第二步：阅读配对。让所有学生选择一本非本人的书籍，进行阅读配对，共同制定阅读计划单。

第三步：交流阅读感受。让阅读配对的学生交流分享阅读的心得感受。

二、课型建议

本课可采用"阅读交友课"，通过图书漂流活动帮助学生建立起友谊，让学生找到与自己阅读兴趣相近的伙伴，在阅读中体会真挚友谊带来的快乐。

三、评价方式

过程性评价：（1）学生组建班级图书漂流角的积极性。（2）学生在寻找阅读配对伙伴的真诚度和热情度。（3）阅读配对的学生进行阅读感受交流的情况。

第 3 课：学习漂流会

一、活动流程

第一步：确定"学习漂流会"主题。由班委会成员向全班同学征集学习困惑与学习问题，并根据反映的热点问题确定主题。

第二步：推选学习经验讲授人。学生投票推选班级内在学习上有方法、有智慧、有头脑的同学，作为学习漂流会的学习经验讲授人。

第三步：学习经验汇编成册。班委会组织学生对此次学习漂流会进行总结，并安排大家将学习经验讲授人传授的学习经验汇编成册。

二、课型建议

本课可采用"学习交流会活动策划课"，发挥班委会成员的组织领导作用，带动全班学生参与到此次活动中来，学生在互相沟通交流配合的过程中，友谊也得以建立。

三、评价方式

过程性评价：（1）学生反馈学习困惑与学习问题的积极性与认真度。（2）学生配合班委会成员的情况。（3）学习经验讲授人的特殊贡献成果。（4）学习经验汇编的完成情况。

主题 2：我照"真诚镜"

活动目标：

1. 内容目标：让学生领悟直面自己主人公人物身上对待自我的真诚精神；让学生能

够坦诚地总结自己在生活和学习上发生的不真诚之事。

2. 成长目标：让学生学会无论何时都真诚地面对自己的内心；让学生养成善于总结、善于反思、善于自省的习惯。

第4课：直面自己

一、活动流程

第一步：分发《"直面自己的主人公故事征集"任务单》。让学生分小组收集、整理古今中外能够直面自己的人物故事，列明故事的主人公及故事梗概。

第二步：故事分享。让各小组的学生分享自己组找到的直面自己的主人公故事，并探讨这些主人公身上的共同点。

二、课型建议

本课可采用"故事收集及故事分享课"，让"故事"来牵引学生的学习兴趣，从直面自己的主人公故事身上领悟与自己坦诚相处之道。

三、评价方式

过程性评价：各小组学生分享直面自己的主人公故事的情况，故事的典型性、共鸣性、启发性等。

结果性评价：学生对《"直面自己的主人公故事征集"任务单》的完成情况。

第5课：真诚照镜

一、活动流程

第一步：总结自我不真诚行为。让学生分别列出自己在生活及学习中发生的不真诚之事。

第二步：不真诚行为反思。让学生针对生活和学习中发生的不真诚之事进行自我反思，说明自己的问题出在哪里，正确的做法是什么。

二、课型建议

本课可采用"行为自查与反省课"，打开学生的心扉，让他们学会真诚地面对自己的过错，坦诚地表达自己在生活及学习中出现的不真诚之事，并进行自我检讨与反思，通过"行为自查与反思"的仪式让他们形成真诚生活、真诚学习的意识。

三、评价方式

过程性评价：（1）学生对自己生活和学习中发生的不真诚之事的自查情况。（2）学生对自己不真诚行为的反思情况。

第 6 课：坦诚自省

一、活动流程

第一步：分发《"我的真诚练就计划"任务单》。让学生为自己制订自身不真诚行为的改正计划。

第二步：进行改正检验。让家长、老师及身边的同学进行监督，对自己不真诚行为的改正情况进行检验和自检。

二、课型建议

本课可采用"行动计划制订及检查课"，让学生针对自身的不真诚行为制订切实可行的改正计划，教师指导学生制订计划的要点，并督促学生进行行为自检。

三、评价方式

过程性评价：（1）学生对"真诚练就计划"的执行情况。（2）学生对"真诚练就计划"的检验及完成情况。

结果性评价：学生对《"我的真诚练就计划"任务单》的完成情况。

第二节　务实

主题：永远的雷锋

活动目标：

1. 内容目标：让学生学习雷锋身上的务实精神；让学生能够自编自演雷锋故事的小品。

2. 成长目标：让学生懂得求真务实，学会踏实做事；让学生在团队合作中能够踏实奋进，尽力而为。

第 1 课：讲雷锋故事

一、活动流程

第一步：分发《"雷锋的故事资料收集"任务单》。让学生分成三个小组，分别收集表现雷锋务实精神的成长故事、工作故事和助人故事。

第二步：故事演讲。让各小组学生将收集的雷锋务实故事制作成演讲 PPT，进行故事演讲。

二、课型建议

本课可采用"人物故事资料收集课"以及"演讲课"，让学生先获取有关雷锋务实精神的故事资料，学会筛选、整理、总结资料，并对人物故事进行展现形式上的加工润色，最后能够将人物故事表达出来。

三、评价方式

过程性评价：（1）各小组学生在搜集雷锋务实故事过程中的贡献度及表现情况。（2）各小组学生在雷锋故事演讲过程中的贡献度及表现情况。

结果性评价：各小组学生完成《"雷锋的故事资料搜集"任务单》的情况。

第 2 课：演雷锋事迹

一、活动流程

第一步：评价"最佳雷锋故事"。根据各小组学生 PPT 演讲的雷锋故事内容，评选出班级"最佳雷锋故事"。

第二步：策划"雷锋小品"。以"最佳雷锋故事"为剧本，各班组织策划排演"雷锋小品"，由老师指导学生对"雷锋小品"的策划及排演工作作出安排。

第三步：排演"雷锋小品"。选出"雷锋小品"的参与演员，进行小品排演。

二、课型建议

本课可采用"小品策划及排演课"，主要由语文老师、美术老师、音乐老师进行配合，联合指导学生理解小品剧本，进行道具舞台的准备以及小品排演工作。

三、评价方式

过程性评价：（1）对"雷锋小品"策划、排演工作的领导、组织贡献情况。（2）学生在小品排演过程中的合作性和配合度。

结果性评价：获得"最佳雷锋故事"小组进行额外加分。

第3课：评选雷锋班级

一、活动流程

第一步："雷锋小品"展演。举行"雷锋小品"展演会，让各班学生展演班级"最佳雷锋故事"小品。

第二步：评选雷锋班级。评选出老师和学生们喜爱的"雷锋小品"以及"雷锋班级"，并为雷锋班级颁发"小雷锋班级奖章"。

二、课型建议

本课可采用"小品展演课"，为学生搭建小品展演的平台，给学生展现自我的机会，增加学生的合作性和配合度，让学生懂得为集体荣誉而共同努力。

三、评价方式

过程性评价：各班学生在"雷锋小品"展演过程中的表现情况。

结果性评价：各小组"雷锋小品"展演的评分结果。

第三节 守信

主题：校园诚信市场

活动目标：

1. 内容目标：让学生了解"3·15消费者权益保护日"设立的意义；让学生了解市场的诚信与非诚信交易行为。

2. 成长目标：让学生从校园商品售卖过程中形成诚信交易的意识；让学生养成诚信生活、诚信待人的生活态度。

商品募集倡议

一、活动流程

第一步：撰写活动倡议书。让学生根据倡议书的文体要求，撰写一份"校园诚信市场"活动倡议书，列明活动的目的与意义、活动的主要形式、活动的时间地点、捐献物品的要求等。

第二步：倡议书宣讲。让学生将倡议书做成 PPT，进行一一宣讲，评选出"最有吸引力的活动倡议书"。

二、课型建议

本课可采用"活动书撰写及宣讲课"，由语文老师指导学生撰写活动倡议书，为学生讲解倡议书的文体特点以及一般撰写格式和要求，让学生完成倡议书的撰写并进行活动倡议表达，锻炼学生的口才表达能力。

三、评价方式

过程性评价：学生对"校园诚信市场"活动倡议书的宣讲表现情况。

结果性评价：（1）学生"校园诚信市场"活动倡议书的撰写情况。（2）为获得"最有吸引力的活动倡议书"的学生额外加分。

第十六章 "以水为镜知沉淀" 课程模块设计

八一玉泉中学提出"慎独"基因，慎独是具备敬畏心的重要基因，其内涵是慎思、慎言与慎行的统一。

慎思，是成为思维缜密的人，意味着具有较强的逻辑思维能力，考虑问题慎重、细致、周全、有条理，滴水不漏，对思维的周密性有较高的要求。

慎言，是成为言语谨慎的人，意味着能够分场合、分对象地使用合适的语言与人交流，对他人的秘密能够守口如瓶，对自己说出的话有所把握。

慎行，是成为行为自律的人，意味着对自身的行动有较强的约束力，不靠别人监督，自觉控制自己的欲望，并且善于检讨，总结教训，完善自我。

一个慎思的人需要修炼五项指标：能够认识事物的复杂性，善于发现问题；对问题进行谨慎的分析、正确的推理；分析问题时，要善于质疑，敢于提问；对没有把握的事，要积极征求他人意见；对他人意见不盲从，有选择性地修正与接受。

一个慎言的人需要修炼五项指标：说话前要三思，考虑要说的话会带来的后果；在不同的场合说不同的话；表达要客观，要有事实依据；对他人的秘密守口如瓶，不要妄自非议；说话要考虑听者的感受，切忌出口伤人。

一个慎行的人需要修炼五项指标：拥有是非观念，知道什么该做，什么不该做；做事前要做好充足的准备，防患于未然；行事过程中，严格自律，克制欲望；做事要谨慎小心，踏实细心，不毛躁；要善于分析总结，积累成功经验，吸取失败教训。

本课程模块总目标：

让初一的同学们懂得慎独之思，察觉思考的重要性，学会谨慎思考，做对的决定。

让初二的同学们掌握慎独之言，学会三思而言，把握说话的分寸，说对的话。

让初三的同学们做到慎独之行，懂得行为自控，学会保护公共空间，做对的事。

第一节　慎思

主题 1：和谐校园"思"中来

活动目标：

1. 内容目标：让学生了解一念之差可能造成的后果；让学生了解有关青少年犯罪的法律法规条文。

2. 成长目标：让学生懂得控制自己的情绪，避免危害的发生；让学生形成遵法守法的意识。

第 1 课："一念之差"的恶果

一、活动流程

第一步：讨论一念之差的危害。让学生谈一谈身边因"一念之差铸成大错"的事件，并思考缺乏慎重思考可能造成的后果。

第二步：制止校园暴力。让学生了解校园暴力的危害，讨论如何避免和制止校园暴力的发生。

二、课型建议

本课可采用"现象讨论课"，让学生结合自己身边发生的事件以及校园现象，具体分析这些现象发生的原因以及如何规避这些恶象的发生。

三、评价方式

过程性评价：（1）学生对"一念之差铸成大错"的认识程度。（2）学生对校园暴力现象的认识程度。

第 2 课：心中高悬法律明镜

一、活动流程

第一步：学习法律条文。让学生了解国家法律法规对青少年的保护与惩罚规定。

第二步：分发《"校园普法行动"任务单》。让学生分为三组参与校园普法行动，分别负责法律宣传品制作、危险行为制止、和谐校园宣讲。

二、课型建议

本课可采用"法治宣传课",一方面让学生学习法律条文,了解法律法规对行为的约束作用,另一方面安排学生做法律的宣传者,在校营造"知法、懂法、学法""的氛围。

三、评价方式

过程性评价:(1)学生对青少年保护与惩罚法律法规知识的掌握程度。(2)学生在"校园普法行动"中的表现情况。

结果性评价:学生完成《"校园普法行动"任务单》的情况。

主题 2:校园"最强大脑"

活动目标:

1. 内容目标:让学生了解大脑的基本构造及功能;了解自己在脑力方面的优势和特长。

2. 成长目标:让学生养成善于思考、谨慎思考的思维习惯;让学生能够在面对挑战与竞争的环境中沉着思考,冷静作出决定。

第 3 课:大脑的秘密

一、活动流程

第一步:认识大脑的构成。让学生通过查阅资料了解大脑的构造、功能以及学会如何科学用脑。

第二步:了解最强大脑。让学生观看《最强大脑》节目,分小组探究或邀请脑科学方面的专家,让学生了解有些人脑力超群的奥秘。

二、课型建议

本课可采用"视频讨论课"以及"科学探秘课",让学生通过查阅资料、观看视频以及听专家讲座等方式,探究人类大脑的秘密。

三、评价方式

过程性评价:(1)学生对人类大脑构成及功能的了解程度。(2)学生对脑科学奥秘的探究程度。

第4课：班级脑力比拼赛

一、活动流程

第一步：分析脑力优势。让学生分析自身的优势和特长，列出一张脑力清单。

第二步：分发《"班级脑力大比拼"任务单》。学生自由展示自己在听说读写等方面的优势和特长，由其他学生进行点赞，班干部统计记录点赞数，得赞数最多的学生参加年级脑力比拼赛。

二、课型建议

本课可采用"优势分析课"以及"脑力比拼课"，让学生分析自身优于他人的优势和特长，并参加班级脑力比拼，展示自己的优势。

三、评价方式

过程性评价：学生在"班级脑力比拼赛"中的表现情况。

结果性评价：（1）学生对"脑力清单"的完成情况。（2）在"班级脑力比拼赛"中得赞数最多的学生获得额外加分。

第5课：校园最强大脑赛

一、活动流程

第一步：确定比赛项目。老师帮助在"班级脑力比拼赛"中胜出的学生结合自身优势和特长选择适合的比赛项目。

第二步：参加校园最强大脑赛。各个班级的学生针对自己选择的比赛项目进行互相PK，并最终选出"校园最强大脑"。

二、课型建议

本课可采用"校园竞赛准备课"，由与学生优势和特长相匹配的学科教师对学生进行比赛指导，分析比赛项目，模拟比赛过程，帮助学生训练竞赛思维。

三、评价方式

过程性评价：学生在"校园最强大脑赛"中沉着思考的情况。

结果性评价：班级在"校园最强大脑赛"中获得比赛名次的学生。

第二节　慎言

主题：三思而言

活动目标：

1. 内容目标：让学生了解新闻报道的原则以及新闻写作的基本方法；让学生阅读《曾国藩家书》，并了解曾国藩的慎独精神。

2. 成长目标：让学生懂得先思后言的道理；养成说话前三思的习惯。

校园新闻播报

一、活动流程

第一步：了解新闻报道。让学生通过查阅资料了解新闻的定义、新闻报道的基本原则、新闻报道需要注意的要点。

第二步：撰写新闻消息。让学生结合新闻的"5W 原则"尝试撰写一则新闻消息。

第三步：校园新闻播报。让学生学习新闻主持人的基本素养，体验轮流播报校园新闻。

二、课型建议

本课可采用"新闻报道撰写课"以及"新闻播报课"，让学生了解新闻记者和新闻播报员的素养和日常工作，学会写新闻报道，练习校园新闻播报。

三、评价方式

过程性评价：（1）学生对新闻报道相关内容的了解情况。（2）学生对新闻播报员素养的学习情况。

结果性评价：（1）学生撰写新闻报道的情况。（2）学生轮流播报校园新闻的情况。

第三节　慎行

主题：地球，我们的家

活动目标：

1. 内容目标：让学生了解污染环境的严重性以及保护环境的重要性；让学生认识环境保护产品的认证标志并了解生活中对环境会产生有益和有害影响的产品。

2. 成长目标：让学生做到能够克制自己的行为；养成爱护环境、保护环境的习惯。

环保调查员

一、活动流程

第一步：分发《"环境调查"任务单》。让学生分小组围绕"水污染""大气污染""土壤污染""噪声污染"等主题，进行环境调查，并以 PPT 的形式展现当下的环境状态。

第二步：讨论环境议题。让各小组学生分析调查环境问题产生的原因、人类对环境破坏的表现以及该如何改善。

二、课型建议

本课可采用"社会实践调查与讨论课"，让学生分小组合作围绕环境污染议题进行社会调查与研究性学习，将调查报告制作成 PPT 与其他组的学生讨论。

三、评价方式

过程性评价：（1）各小组学生在环境调查中的表现情况和领导担当程度。（2）各小组学生对环境问题原因的分析情况。

结果性评价：学生对《"环境调查"任务单》的完成情况。

第十七章 "烟波浩渺行无限" 课程模块设计

沟通，是成为乐于交流的人，意味着要向他人学习，善于发现他人身上的闪光点，学习他人的长处，主动与他人沟通分享。

一个视野开阔的人需要修炼五项指标：拥有全球意识，关注世界各地区的发展动态，具有国际视野；关注世界各地区的文化差异，尊重文化的多样性；有选择性地学习和借鉴世界先进文化及科学技术；理性地看待中西文化差异，形成正确的世界观；理解合作共生的意义，有意识地寻求国际合作的机会。

一个学识渊博的人需要修炼五项指标：打破封闭心态，对外界事物保持谦虚与学习的态度；对自身的提升与发展有所期待与要求；热爱学习，对获取知识保持持久的兴趣；知晓自身的缺陷，清晰知识的漏洞；形成终身学习的意识，活到老，学到老。

一个乐于交流的人需要修炼五项指标：正确认识自身的缺点，善于发现他人的优点；主动了解他人的思想和文化，并与自身加以比较；尊重他人的思维方式与表达习惯，学会与人和睦相处；积极表达自己的观点，传播自身的思想和文化；心平气和地与人交流想法，虚心接受他人提出的意见。

本课程模块总目标：

让初一的同学们拥有开放的认知态度，学会理解大自然与世界文化，让情感更丰富，眼界更开阔。

让初二的同学们秉持开放的学习态度，不断拓展自己的知识面，通过读书和研学积淀文化内涵。

让初三的同学们怀有开放的交流态度，释放自己的内心，和家长畅谈沟通，打开心结。

第一节　理解

主题：与自然对话

活动目标：

1. 内容目标：让学生了解保护野生动物的必要性；了解颐和园大概的植物种类和植物特性。

2. 成长目标：让学生能够参与到保护动植物的公益实践中来；让学生学会理解自然、保护自然。

保护野生动物代言人

一、活动流程

第一步：观看"动物制品——保护野生动物"的视频。让学生观看日常生活中人们使用的动物制品商品，了解杀戮动物的行为，并谈一谈对这种现象的理解。

第二步：分发《"保护野生动物小组广告创意提案"任务单》。让学生分小组为保护野生动物策划设计一则广告，提供广告提案、广告宣传语、广告主题图等。

二、课型建议

本课可采用"视频讨论课"以及"广告策划课"，让学生围绕"保护野生动物"的主题，通过观看视频和策划广告参与到公益实践中来，老师指导各小组进行广告策划，讲授广告策划的相关理论与应用知识。

三、评价方式

过程性评价：（1）学生观看保护野生动物视频中的表现情况以及对保护野生动物的理解情况。（2）各小组学生在保护野生动物广告提案中的表现情况和贡献度。

结果性评价：学生完成《"保护野生动物小组广告创意提案"任务单》的情况。

第二节　拓展

主题：我的荐书单

活动目标：

1. 内容目标：让学生学会向他人推荐好书内容；让学生学会写读书笔记。

2. 成长目标：让学生养成爱读书、爱分享的好习惯；让学生学会与他人交流和互换观点和想法。

第 1 课：我最喜爱的书籍朋友

一、活动流程

第一步：分享爱书。让学生回忆自己最难忘的一本书，并将书中的大致内容和精彩情节以及这本书带给自己的成长感悟分享给大家。

第二步：为爱书写推荐语。让学生为自己喜爱的书写一段推荐语，说明这本书打动自己的原因以及推荐给他人阅读的理由。

二、课型建议

本课可采用"好书推荐课"，让学生学会深入思考一本好书，并学会向他人介绍书中的内容，由语文老师指导学生为爱书写推荐语，说明推荐语的文风，规定推荐语的字数和格式等。

三、评价方式

过程性评价：学生向其他同学介绍与表达自己喜爱图书的情况。

结果性评价：学生为爱书写推荐语的撰写情况，推荐语的动人性以及受关注度。

第 2 课："以书会友"荐书单

一、活动流程

第一步：分发《"寻找书籍之友"任务单》。让学生从"道德修养类""人文历史类""科学探秘类""健康养生类""艺术情操类"五类图书分类中，锁定自己感兴趣的阅读类别，并寻找与自己喜爱阅读同类书籍的朋友。

第二步：分发《"班级荐书单"任务单》。让学生与自己结交到的"书友"按照"品德类""人文类""科学类""健康类""艺术类"五类形成5组，每组推荐6本书。

二、课型建议

本课可采用"书籍结谊课"，让学生通过分享阅读书籍的偏好，结交益友，班主任可采用古代的"结谊仪式"，让学生与书友进行知识与心灵的交流，还可依照各组学生提交的"班级荐书单"建立起班级图书角。

三、评价方式

过程性评价：（1）学生在结交书友过程中与他人友好沟通和交流的情况。（2）各小组学生在为班级荐书过程中的表现情况。

结果性评价：学生对《"班级荐书单"任务单》的完成情况。

第3课：书友同读一本书

一、活动流程

第一步：分发《"我的读书笔记"任务单》。让学生与书友选择同一本书进行深入阅读，并按照任务单的格式，分别撰写读书笔记。

第二步：与书友讨论和交流。让学生与自己结识的"书友"深入交流读书笔记的内容，进行加强读书心得的交流与思想的碰撞。

二、课型建议

本课可采用"读书笔记撰写与交流课"，语文老师可为学生展示一些优秀的读书笔记范例，为学生讲解应如何做好读书笔记，并让学生亲自撰写读书笔记并与书友交流。

三、评价方式

过程性评价：（1）学生与书友同读一本书过程中的表现情况。（2）学生与书友交流读书笔记的情况。

结果性评价：学生完成《"我的读书笔记"任务单》的情况。

第三节　沟通

主题1：五四榜样在身边

活动目标：

1. 内容目标：让学生了解"五四运动"时期的榜样人物故事并学习榜样精神；让学生学会与身边的同学榜样、社区榜样学习。

2. 成长目标：让学生学会以海纳百川之心学习他人身上的长处；让学生拥有善于沟通、善于交流、追求自我完善的态度。

第1课："五四"榜样时光录

一、活动流程

第一步：了解"五四"。让学生通过查阅资料了解"五四青年节"的来源以及"五四运动"中的榜样人物故事。

第二步：分发《"五四榜样事迹记录"任务单》。让学生寻找近年来值得学习的"五四榜样人物"，列明榜样事迹和值得学习的品质。

二、课型建议

本课可采用"榜样人物故事与分享课"，让学生从追溯"五四运动"榜样人物故事开始，到寻找现代的"五四榜样"，学习榜样人物品质并以讲故事的方式分享给其他同学。

三、评价方式

过程性评价：（1）学生对"五四"知识和对"五四榜样人物"的了解程度。（2）学生在寻找近年来"五四榜样人物故事"的情况和分享故事的贡献度。

结果性评价：学生完成《"五四榜样事迹记录"任务单》的情况。

第2课：与榜样面对面

一、活动流程

第一步：分发《"班级榜样评选"任务单》。让各班学生根据任务单中的评选标准，评选出学习榜样、劳动榜样、道德榜样、文明榜样。

第二步：分发《"班级榜样咨询"任务单》。举办班级榜样交流沙龙，每位学生可向评选出的各类班级榜样提问，学生列明自己咨询的问题以及具体的问题表现。

二、课型建议

本课可采用"榜样评选课"以及"榜样交流沙龙课"，让学生学会发现身边的榜样，并通过和身边的榜样交流、沟通自身的问题，提升自我。

三、评价方式

过程性评价：（1）学生在"班级榜样评选"过程中的表现情况。（2）学生在班级榜样交流沙龙中的表现情况。

结果性评价：（1）学生完成《"班级榜样评选"任务单》的情况。（2）学生完成《"班级榜样咨询"任务单》的情况。

第3课：社区好人好事榜

一、活动流程

第一步：分发《"社区好人好事采访"任务单》。让学生走进社区，通过采访家人和社区居民，了解社区的好人好事，寻找到社区的榜样人物，并采访了解记录榜样事迹。

第二步：分发《"社区好人好事榜单制作"任务单》。让学生将采访的社区好人好事制作成榜单进行宣传，学生之间互相学习社区榜样精神。

二、课型建议

本课可采用"社区榜样采访课"以及"榜样宣传榜制作课"，让学生了解并总结社区榜样的事迹，学习社区榜样精神，并由语文老师、美术老师共同指导学生完成榜样榜单的制作，指导学生如何撰写榜样人物宣传语与榜样故事文案。

三、评价方式

结果性评价：（1）学生完成《"社区好人好事采访"任务单》的情况。（2）学生完成《"社区好人好事榜单制作"任务单》的情况。

主题2：一封家书

活动目标：

1. 内容目标：让学生了解傅雷对子女情感的沟通表达方式；让学生学会与父母心贴

心地沟通。

2. 成长目标：让学生消除与父母之间的心灵隔阂，增进亲子感情；让学生学会与长辈进行沟通交流，表达和解决自身困惑。

<h2 style="text-align:center">第 4 课：也谈《傅雷家书》</h2>

一、活动流程

第一步：阅读《傅雷家书》。让学生阅读《傅雷家书》一书，并就书中的内容和人物情感进行分析和思考。

第二步：《傅雷家书》的启发。让学生谈一谈《傅雷家书》对于自己最大的触动以及带给自己的启示。

二、课型建议

本课可采用"阅读分享交流课"，让学生了解书中主人公的人物形象和人物情感，并对自己与父母沟通交流的方式给予启发。

三、评价方式

过程性评价：（1）学生阅读《傅雷家书》以及对该书的理解情况。（2）学生对《傅雷家书》给予自己启发的表达情况。

<h2 style="text-align:center">第 5 课：书信寄我心</h2>

一、活动流程

第一步：表达初三心声。让学生想一想，走入初三，自己的内心存在哪些困惑，情绪上发生了哪些变化，需要得到父母哪方面的理解和帮助。

第二步：给父母写封信。让学生通过书信的方式向父母表明自己作为一名初三学生在面对中考问题上的内心困惑与波动。

二、课型建议

本课可采用"书信撰写课"，让学生学会构思和总结自己作为一名初三学生的内心问题，并以书信的标准格式将心声表达给父母，与父母进行一次心与心的交流。

三、评价方式

过程性评价：学生在面对中考压力方面的态度和表现情况。

结果性评价：学生为父母撰写书信的完成情况。

第 6 课：回信里的父母情

一、活动流程

第一步：观察父母的反应。让学生将书信递交给父母，并用心观察父母在读到此信后的反应，让学生谈一谈对这种书信交流方式的感受。

第二步：读父母的回信。让学生的父母根据自己内心的困惑和问题写一封回信，并让学生谈一谈具体的感受以及是否通过书信交流的方式有效和父母进行了沟通。

二、课型建议

本课可采用"书信交流课"，可由心理老师组织学生谈一谈对书信这种交流方式的意义和效果，并选择性地让学生自愿分享父母的回信，给班级更多学生的内心问题答疑解惑。

三、评价方式

过程性评价：（1）学生对父母看信后反应的观察程度。（2）学生在读到父母回信后的态度以及与他人沟通交流的表现情况。

第十八章 "百转千回驶向前" 课程模块设计

自主是具备发展力的重要基因。自主的内涵是自为、自立与自强的统一。

自为，是成为自我管理的人。自为是一种有节的做事原则，它要求学生在做事过程中保持理智的头脑，合理地把控做事的尺度，严格地管控自己的行为。

自立，是成为自我主导的人。自立是一种积极的人生态度，它促使学生做生命的主人，在思想和行动上不依附于他人，独立地去面对学习和生活中的问题。

自强，是成为自我完善的人。自强是一种向上的奋斗精神，它激励学生要不断地突破现状、超越自我，能够树立进阶的目标，通过踏实的努力获得自我提升。

一个自我管理的人需要修炼五项指标：客观地、正确地分析自我的能力；依靠理智的头脑，作出正确的决策；掌握做事的尺度，知道什么该做什么不该做；在无人监管的情况下，能够严格地约束自己；不依靠他人的督促，自动自发地去努力。

一个自我主导的人需要修炼五项指标：做自己的主人，善于经营自己的人生；不依赖别人，自己的事情自己做；能够直面并解决学习及生活中遇到的问题；有自己的主见，不盲从他人的意见；自食其力，靠自己的力量而有所建树。

一个自我完善的人需要修炼五项指标：不满足现状，对未来发展充满无限渴望；明确适合自己进一步发展的目标；积极进取，拥有实现目标的魄力；在困难面前不低头、不灰心、不放弃；在努力的过程中进行自我修正，一步步进行自我提升。

本课程模块总目标：

让初一的同学们拥有自主的行为，抵制不良行为，学会制订行动计划，发挥做事的主观能动性。

让初二的同学们学会自主地选择，知晓法律的界限，眺望高中生活，对成长道路做出选择。

让初三的同学们形成自主的人格，在毕业季收获成长，进行职场体验，让人格更加独立。

第一节 自为

主题：家庭公约

活动目标：

1. 内容目标：让学生懂得家人之间的相处之道；让学生学会拟定一份"家庭公约"。

2. 成长目标：让学生能够对家庭有所贡献和担当；让学生能够维护和谐家庭秩序。

第 1 课：幸福家庭小锦囊

一、活动流程

第一步：分发《"家人相处之道采访"任务单》。让学生采访自己的家庭成员，了解自己的家人平日里的相处情况。

第二步：分发《"家人相处之道分享"任务单》。让学生分享各自家庭中独特的相处之道。

第三步：为家庭幸福写锦囊。让学生根据家庭采访，针对自己家庭中的问题，写出幸福家庭的三个锦囊，包括该锦囊针对什么问题、具体内容、何时拆开此锦囊等。

二、课型建议

本课可采用"家庭采访课"以及"家庭关系咨询课"，让学生通过采访家庭成员了解家人相处中存在的问题，并为家庭写下锦囊，给予家庭幸福咨询建议。

三、评价方式

过程性评价：学生对自己家人相处之道的分享情况。

结果性评价：（1）学生完成《"家人相处之道采访"任务单》的情况。（2）学生完成《"家人相处之道分享"任务单》的情况。（3）学生为家庭幸福写锦囊的完成情况。

第 2 课：订立家庭公约

一、活动流程

第一步：分发《"家庭公约条文内容征集"任务单》。让学生通过采访家庭成员，订立"家庭公约"中必做、禁做、一年计划等条文内容。

第二步：撰写"家庭公约"。让学生了解签约仪式的流程，并按照规定格式为自己的家庭撰写一份"家庭公约"。

二、课型建议

本课可采用"家庭采访课"以及"合约撰写课",让学生学会如何通过采访家人征求家人合理意见,掌握合约的文体格式、基本内容和订立流程,尝试为家庭写"家庭公约"。

三、评价方式

过程性评价:学生对合约格式、内容、流程的了解情况。

结果性评价:(1)学生完成《"家庭公约条文内容征集"任务单》的情况。(2)学生"家庭公约"的撰写情况。

第3课:守约小主人

一、活动流程

第一步:分发《"家庭公约行为对照"任务单》。让学生根据订立的"家庭公约"内容进行一日体验,监督各位家庭成员对公约的执行和完成情况,进行记录打分。

第二步:分发《"家庭公约执行监督办法"任务单》。让学生结合家庭成员对"家庭公约"的完成情况,总结执行中的问题,并提出监督与改进的办法。

二、课型建议

本课可采用"家庭行为监督课",让学生通过监督与记录家庭成员一天当中的所作所为,观察与总结家人对自己行为的把控能力,并根据家人对合约的执行情况提出建议。

三、评价方式

过程性评价:(1)学生完成《"家庭公约行为对照"任务单》的情况。(2)学生完成《"家庭公约执行监督办法"任务单》的情况。

第二节　自立

主题1:现在开庭

活动目标:

1. 内容目标:让学生了解法庭的构成及存在的意义;让学生了解模拟法庭的庭审流程。

2. 成长目标：让学生能够运用法律思维思考与化解问题；学会独自处理与维护好与家人和同学之间的关系。

第1课：身边的"案件"

一、活动流程

第一步：分发《"班级矛盾征集"任务单》。让学生通过自己发现与采访其他同学，了解同学们在人际交往中存在的矛盾以及当事人希望解决矛盾的办法。

第二步：分发《"家庭矛盾征集"任务单》。让学生通过采访家人，了解家庭中的矛盾、尝试过的调节办法以及家人希望的解决办法。

二、课型建议

本课可采用"采访课"以及"心理课"，由心理老师在学生采访同学和家人之前，进行心理沟通技巧的指导和培训，让学生学会如何与他人巧妙地聊天，如何让他人愿意向自己倾诉。

三、评价方式

过程性评价：（1）学生在征集班级矛盾过程中的沟通表现情况。（2）学生在征集家庭矛盾过程中的沟通表现情况。

结果性评价：（1）学生完成《"班级矛盾征集"任务单》的情况。（2）学生完成《"家庭矛盾征集"任务单》的情况。

第2课：组建"法官团"

一、活动流程

第一步：了解法官团的组成。让学生通过查阅资料，观看节目、视频等方式，了解中西方法庭的区别、法庭的人员构成、庭审流程等。

第二步：分发《"小法官素质讨论"任务单》。让学生讨论小法官身上具备的素质并说出依据。

第三步：分发《"小法官评选"任务单》。让学生评选出身边具有小法官素质的同学，并为他们确定法官团中适合的角色。

二、课型建议

本课可采用"课外知识自学课"以及"小组讨论课"，让学生通过自学了解法官团的知识，并通过小组讨论让学生对法官的素质进行思考。

三、评价方式

过程性评价：（1）学生对法官团的自学了解情况。（2）学生在"小法官素质讨论"过程中的观点表达情况。

结果性评价：（1）学生完成《"小法官素质讨论"任务单》的情况。（2）学生完成《"小法官评选"任务单》的情况。

第 3 课：庭审进行时

一、活动流程

第一步：分发《"案件分类"任务单》。让小法官们对同学们征集的班级矛盾和家庭矛盾按照任务单中列出的矛盾类型进行分类。

第二步：分发《"小法官庭审内容"任务单》。安排召开模拟法庭，让法官团的学生对班级矛盾和家庭矛盾进行审理，作出公正"审判"。

二、课型建议

本课可采用"模拟法庭课"，由思想政治老师对模拟法庭活动做出安排，可邀请专业法律从业人员旁听，对模拟法庭中学生的表现做出点评和指导。

三、评价方式

过程性评价：学生在模拟法庭过程中的表现情况及角色贡献度。

结果性评价：（1）学生完成《"案件分类"任务单》的情况。（2）学生完成《"小法官庭审内容"任务单》的情况。

主题 2：我的高中志向

活动目标：

1. 内容目标：让学生明确自己的高中目标及选考科目；让学生学会为目标制订行动计划。

2. 成长目标：让学生拥有主见，学会自主选择；让学生能够为了实现梦想而付诸实际努力。

第 4 课：回看儿时的梦想

一、活动流程

第一步：写下儿时的梦想。让学生回忆并写下自己儿时心目中长大后要实现的梦想。

第二步：分发《"让梦想生根发芽"任务单》。让学生对比自己儿时的梦想与现在的梦想，想一想梦想是否发生了改变。

二、课型建议

本课可采用"梦想思想课"，让学生对人生梦想作出思考，并进一步思考从小到大，随着时间的推移，自己是否还坚守着梦想抑或是梦想发生了变化，分析其中的原因。

三、评价方式

过程性评价：学生对自己儿时梦想的分享表达情况。

结果性评价：学生完成《"让梦想生根发芽"任务单》的情况。

第 5 课：为梦想而选择

一、活动流程

第一步：分发《"我的理想高中及高中目标"任务单》。让学生思考自己理想中的高中，了解理想高中的学校文化、课程、录取条件等，并列出自己在高中的阶段性目标。

第二步：分发《"选考学科与实现梦想联系探究"任务单》。让学生确定自己的选考学科，并思考选择该学科对于实现梦想是否有帮助。

二、课型建议

本课可采用"初高衔接规划课"，由班主任、学生成长导师或心理老师为学生讲解高考选考政策以及选科与专业、就业之间的关系，让学生做出学业规划。

三、评价方式

过程性评价：学生对于自己理想高中、高中目标以及选考学科的自主思考情况。

结果性评价：(1) 学生完成《"我的理想高中及高中目标"任务单》的情况。(2) 学生完成《"选考学科与实现梦想联系探究"任务单》的情况。

第 6 课：我的未来不是梦

一、活动流程

第一步：发现逐梦路上的不足。让学生通过深入了解与分析自己的个人梦想，反思自己在追逐梦想道路上的不足之处。

第二步：分发《"我的高中目标行动计划"任务单》。让学生针对自己制定的高中阶段性目标，分别对高中想要完成的学习目标、兴趣特长目标、其他目标等做出详细计划。

二、课型建议

本课可采用"行动计划制订课"，由班主任或学生成长导师指导学生结合自身情况，根据各项高中目标制订切实可行的行动计划，让学生懂得制订计划对于目标实现的重要性，清楚和熟悉制订计划的流程和要点。

三、评价方式

过程性评价：学生对自己逐梦路上存在不足的反思情况。

结果性评价：学生完成《"我的高中目标行动计划"任务单》的情况，行动计划制订的可行性、细致性。

第三节　自强

主题 1：我的毕业季

活动目标：

1. 内容目标：让学生学会分析和正视自己的不足；让学生学会通过听取他人的意见完善自己。

2. 成长目标：让学生养成自我总结、自我反思的习惯；让学生拥有自我完善、自我超越的进取心。

第1课：我的初中反思录

一、活动流程

第一步：分发《"初中不足之处个人总结"任务单》。让学生反思自己的初中生活在学习、人际交往、兴趣发展方面存在的不足。

第二步：分发《"家人眼中现在的我采访"任务单》。让学生通过采访家人了解自己在初中三年中有哪些新的成长，还需要在哪些方面改进。

二、课型建议

本课可采用"自我总结与反思课"，通过让学生采访家人了解自己初中三年的变化，给予自己成长的信心和鼓励，并通过自我认知与自我总结，反思自己在初中三年中存在的不足之处。

三、评价方式

结果性评价：（1）学生完成《"初中不足之处个人总结"任务单》的情况。（2）学生完成《"家人眼中现在的我采访"任务单》的情况。

第2课：给师生的毕业赠言

一、活动流程

第一步：写给老师的话。让学生在毕业之际，将自己的心里话写给想要倾诉的老师。

第二步：老师的毕业寄语。让学生向自己喜爱的老师发出邀请，邀请老师为自己写下评价及成长的建议。

第三步：写同学毕业录。让学生之间互相为对方写下毕业录，写出对对方的评价以及给予个人建议。

二、课型建议

本课可采用"毕业评价与建议课"，由班主任和心理老师指导学生如何正确地评价他人，并将评价意见以他人接受的方式告知对方，同时向对方提出中肯的成长建议。

三、评价方式

过程性评价：（1）学生对老师倾诉心里话的情况。（2）学生邀请老师写毕业寄语的情况。（3）学生征集与为他人写同学毕业录的情况。

第 3 课：献给母校的毕业礼

一、活动流程

第一步：分发《"我为母校发展建言"任务单》。让学生在毕业之际为母校未来的发展提出自己的建议，可以包括课堂教学、课程建设、德育活动、校园环境等诸多方面。

第二步：分发《"母校的未来我参与"任务单》。让学生想象并写出自己理想中的母校，并思考未来能够为母校发展做出的贡献。

二、课型建议

本课可采用"母校建言课"，让初三毕业生结合自己初中三年在学校学习生活的所思所感，为母校发展提出自己的建议，让学生为母校的强大做出自己力所能及的贡献。

三、评价方式

结果性评价：（1）学生完成《"我为母校发展建言"任务单》的情况。（2）学生完成《"母校的未来我参与"任务单》的情况。

主题 2：职业梦工厂

活动目标：

1. 内容目标：让学生对自己未来的职业梦想做出思考；让学生深入了解自己父母的职业。

2. 成长目标：让学生学习职业榜样身上的自立品格；让学生为实现个人职业梦想树立自强的精神。

第 4 课：我的职业梦

一、活动流程

第一步：分发《"我想成为 xxx"任务单》。让学生对"职业"做出思考，写出自己未来想要从事的职业，并通过查阅资料对该职业进行深入了解。

第二步：分发《"我的职业榜样"任务单》。让学生了解职业榜样故事，分析职业榜样身上的闪光点以及向职业榜样需要学习的方面。

二、课型建议

本课可采用"职业生涯规划课"与"榜样人物故事探讨课"，由班主任或生涯规划指导老师为学生介绍有关"职业"的内容，并讲解如何根据个人的优势和个性特点确定合适的职业方向。

三、评价方式

过程性评价：（1）学生对"职业"的认识和理解情况。（2）学生对职业榜样故事收集、表达、分享、讨论的情况。

结果性评价：（1）学生完成《"我想成为 xxx"任务单》的情况。（2）学生完成《"我的职业榜样"任务单》的情况。

第5课：父母的职业观

一、活动流程

第一步：思考父母的职业。让学生说出自己父母从事的职业，谈一谈做好一份工作应持怎样的态度。

第二步：分发《"父母工作采访"任务单》。让学生通过采访爸爸妈妈，深入了解父母的职业性质及工作细节，写出自己对父母职业的理解。

二、课型建议

本课可采用"职业采访课"，让学生通过了解自己父母与其他父母从事的多种职业类型，对职业类型的划分有所认识，并在与父母深入攀谈有关工作细节的过程中，体悟工作对于人生的意义以及做好一份工作所需要的自强精神。

三、评价方式

过程性评价：（1）学生对自己父母职业的了解情况。（2）学生对职业意义的领悟程度。

结果性评价：学生完成《"父母工作采访"任务单》的情况。

第6课：一日职业体验

一、活动流程

第一步：分发《"父母职场小助手手记"任务单》。让学生做一天父母工作的小助手，协助父母做一些力所能及的工作，并记录下这一天的经历与感悟。

第二步：分享"父母职场小助手手记"。让学生寻找与自己父母从事相同职业的同学，互相分享与交流一日体验手记中记录的经历与心得。

二、课型建议

本课可采用"职业体验课"，通过家校合作，由家长带领学生进行职场体验，通过协助父母做一天的工作，让学生深入理解父母的职业以及从事一份工作需要的态度与基本素质。

三、评价方式

过程性评价：（1）父母对孩子做一日小助手的评价反馈情况。（2）学生与其他同学分享"父母职场小助手手记"的情况。

结果性评价：学生对"父母职场小助手手记"的撰写完成情况。

主要参考文献

著作类

1. [美] 爱普斯坦. 学校、家庭和社区合作伙伴：行动手册 [M]. 吴重涵，译. 南昌：江西教育出版社，2012.

2. 蔡佳伟，肖育发. 生命教育 [M]. 北京：中国人民大学出版社，2022.

3. 陈建强. 今天家校如何合作 [M]. 上海：上海教育出版社，2006.

4. 冯建军. 生命教育教师手册 [M]. 太原：山西教育出版社，2018.

5. 李霞. 积极心理学视角下的生命教育研究 [M]. 芜湖：安徽师范大学出版社，2021.

6. 刘慧. 生命教育导论 [M]. 北京：人民教育出版社，2015.

7. [苏] 瓦·阿·苏霍姆林斯基. 给教师的建议 [M]. 杜殿坤，译. 上海：教育科学出版社，1980.

8. 万玉霞. 追寻生命教育之光 [M]. 武汉：华中科技大学出版社，2022.

9. 肖川，曹专. 生命教育——朝向幸福的努力 [M]. 北京：新华出版社，2020.

10. 徐向东. 生命浸润课程体系的实践与研究 [M]. 北京：北京师范大学出版社，2018.

11. 闫守轩. 中小学生命教育课程开发的理论与实践 [M]. 北京：中央编译出版社，2016.

12. 杨明全. 课程论 [M]. 北京：中国人民大学出版社，2016.

论文类

1. 艾智胜，许雪华. 开创"互联网+"时代的小学家校共育新途径［J］. 中国农村教育，2019（20）.

2. 边玉芳，周欣然. 家校互动不良的原因分析与对策研究［J］. 中国教育学刊，2019（11）.

3. 高铁刚，李文. 信息技术支持的家校协作体建设研究［J］. 中国电化教育，2018（5）.

4. 胡宏兵，高娜娜. 教育程度与居民幸福感：直接效应与中介效应［J］. 教育研究，2019，40（11）.

5. 贾晓东. 基于生命教育理念的初中生物课程渗透策略［J］. 现代职业教育，2021（37）.

6. 赖升科. 新形势下初中学校生命教育校本课程建设的实践与思考：以福建省德化五中为例［J］. 新课程导学，2021（25）.

7. 林秀芳. 统放有度，协同教育：家校共育的实践探索［J］. 现代中小学教育，2018（1）.

8. 刘利民. 学校教育与家庭教育的边界［J］. 中国教育学刊，2017（7）.

9. 刘卫东，李义红，赖雨晨. 家校合作，让责任教育更有温度［J］. 江西教育，2020（Z1）.

10. 刘源峰，杨贵华. 从理念到行动：家校合作下小学生生涯共育方式探析［J］. 劳动保障世界，2019（23）.

11. 唐景枫. 基于学生健康成长的家校合作共育策略探究［J］. 成才之路，2019（35）.

12. 汤小容. 班主任要担当起"心理医生"的角色［J］. 班级管理，2017（15）.

13. 王淑芳. 新形势下家校共育的实践探索［J］. 成才之路，2019（4）.

14. 王维. 班主任对于家庭教育引导的实践意义［J］. 班级管理，2020（3）.

15. 吴重涵，张俊. 制度化家校合作的国际比较：政策、学校行动与研究支撑［J］. 中国教育学刊，2019（11）.

16. 吴会蓉. 论新媒体技术下的高校家校共育机制建设［J］. 传媒论坛，2019，2（16）.

17. 邢晖. 班主任有效指导家庭教育的策略［J］. 教学与管理，2020（2）.

18. 于小红. 浅谈生命教育与初中语文课程实践教学研究［J］. 教育界，2021（16）.

19. 张胜楠. 家校共育促进学生心理健康成长的探索和尝试［J］. 智库时代，2020（7）.

20. 张文斌. 当前初中生心理健康现状分析及对策探究［J］. 中学教学参考，2012（24）.